2in1

Englische Grammatik

zum Nachschlagen

Schroedel

2in1 Englische Grammatik
zum Nachschlagen

Sabina Piatzer

Druck 4 / Jahr 2010
Umschlag: Janssen Kahlert Design & Kommunikation, Hannover
Illustrationen: Thies Schwarz, Hannover
Gesamtherstellung: imprint, Zusmarshausen
Druck und Bindung: pva, Druck und Medien-Dienstleistungen GmbH, Landau

ISBN 978-3-507-**22287**-8

Inhaltsverzeichnis

1 Nomen *(Nouns)*

2 Pluralformen von Nomen *(The plural of nouns)*

3 Der Genitiv *(The genitive)*

4 Der Artikel *(The article)*

5 Personenbezogene Pronomen und Begleiter *(Pronouns and determiners)*

6 Das Adjektiv *(The adjective)*

7 Das Adverb *(The adverb)*

8 Adverbien im Satz *(Adverbs in sentences)*

9 Verwendung von Mengenbezeichnungen *(Use of quantifiers)*

10 Die Verwendung der Zeiten: Grundregeln 1 *(The use of the tenses: basic rules 1)*

11 Die Verwendung der Zeiten: Grundregeln 2 *(The use of the tenses: basic rules 2)*

12 Zeitformen des Verbs: Gegenwart und Vergangenheit *(Tenses of the verb: present and past tense)*

13 Zeitformen des Verbs: Perfekt und Plusquamperfekt *(Tenses of the verb: present perfect and past perfect)*

14 Zeitformen des Verbs: Konditional und Zukunft *(Tenses of the verb: conditional and future)*

15 Wichtige Zeitformen von *be*, *do* und *have* *(Important tenses of "be", "do" and "have")*

16 Das Passiv *(The passive)*

17 Vollverben und Hilfsverben *(Main verbs and auxiliaries)*

18 Modale Hilfsverben *(Modal auxiliaries)*

19 Der Infinitiv *(The infinitive)*

20 Das Gerundium *(The gerund)*

21 Das Partizip *(The participles)*

22 Satzstellung *(Word order)*

23 Entscheidungs- und Bestimmungsfragen *(Yes/no questions and questions with question words)*

24 Bestätigungsfragen *(Question tags)*

25 Kurzantworten und Kurzsätze *(Short answers and short additions to statements)*

26 Aufforderungssätze *(Imperative sentences)*

27 Relativsätze *(Relative clauses)*

28 Adverbialsätze *(Adverbial clauses)*

29 Bedingungssätze *(If-clauses)*

30 Indirekte Rede *(Indirect speech)*

31 Unregelmäßige Verben 1 *(Irregular verbs 1)*

32 Unregelmäßige Verben 2 *(Irregular verbs 2)*

33 Stichwortverzeichnis

▸ Kompaktausgabe (in der Tasche auf der hinteren Umschlag-Innenseite)

So funktioniert 2in1 zum Nachschlagen

Einige Ausnahmen und Warnungen stehen auf besonderen Zetteln.
Du musst sie unbedingt beachten!

Die Überschrift sagt dir, worum es geht

- Regeln, die du lernen solltest, stehen auf gelbem Hintergrund – manchmal mit Beispielen als Erklärung.
- Die Merksätze, die hinter dem blauen Dreieck stehen, sind wichtig. Du solltest sie so oft lesen, bis du sie wirklich verstanden hast. Beispiele helfen dir dabei.
- Rot Gedrucktes ist meist besonders wichtig oder beschreibt eine Ausnahme zur Regel. Hier ganz besonders aufpassen!

Beispiele, die zu einer Regel oder einem Merksatz gehören, findest du auf weißem Hintergrund, direkt daneben oder darunter.
Mithilfe der Beispiele kannst du besser verstehen, was eine Regel aussagt.
Das, worauf du besonders achten musst, ist **fett gedruckt**.

1 Nomen *(Nouns)*

- Nomen bezeichnen Personen, Personengruppen, Sachen und Tiere.

Personen beider Geschlechter

- Die meisten Personenbezeichnungen können sich auf beide Geschlechter beziehen, z. B. *friend*, *neighbour*, *child* und *pupil*.
- Auch bei vielen Berufsbezeichnungen ist dies der Fall, etwa bei *teacher, doctor, singer* und *cook*.
- Ob es sich um eine männliche oder weibliche Person handelt, erkennt man an Personalpronomen (→ Seite 5), Possessivbegleitern (→ Seite 5) und Eigennamen.

*My new **friend** is coming over this afternoon.*	Mein neuer Freund besucht mich heute Nachmittag.
***He** wants to show me a computer game.*	Er will mir ein Computerspiel zeigen.
***Anita Newman**, our **neighbour**,*	Anita Newman, unsere Nachbarin,
has got a beautiful garden.	hat einen schönen Garten.
*Our **teacher** is very nice. **Her** name is **Mrs Jones.***	Unsere Lehrerin ist sehr nett. Ihr Name ist Mrs Jones.
Mr Roberts** is a **doctor.	Mr Roberts ist Arzt.
*The **singer** presented **her** new CD.*	Die Sängerin stellte ihre neue CD vor.

Männliche Personen – weibliche Personen

- Eine Reihe von Nomen beziehen sich eindeutig nur auf ein Geschlecht, z. B. *man, woman, boy, girl, mother, father, husband, wife, brother* und *sister*.
- In manchen Fällen verdeutlicht die Nachsilbe *-ess*, dass es sich um eine weibliche Person handelt.
- Außerdem kann man das Geschlecht durch Voranstellen von *male* bzw. *female* kennzeichnen.

*My **father** likes to cook, but my **mother** doesn't.*	Mein Vater kocht gern, aber meine Mutter nicht.
*John works as a **waiter** in a restaurant.*	John arbeitet als Kellner in einem Restaurant.
*His **sister Helen** is a **waitress** in a café.*	Seine Schwester Helen ist Kellnerin in einem Café.
*Susan is a **stewardess** on a liner.*	Susan ist Stewardess auf einem Passagierdampfer.
*Susan's **husband** is a **steward**.*	Susans Mann ist Steward.
*Roy is a **male nurse** in a big hospital.*	Roy ist Krankenpfleger in einem großen Krankenhaus.
*There are many **female students** at this university.*	Es gibt viele Studentinnen an dieser Universität.

Personengruppen

- Bestimmte Nomen wie *family, team, class, crowd* und *band* bezeichnen eine Gruppe von Personen. Man kann sie im Singular und im Plural gebrauchen, dabei gibt es aber Bedeutungsunterschiede (→ Seite 2 unten).

*Our **football team has won** every match*	Unsere Fußballmannschaft hat in dieser Saison
this season.	jedes Spiel gewonnen.
*My favourite **band is** the Banana Boys.*	Die *Banana Boys* sind meine Lieblingsgruppe.
*The **crowd were clapping** when the pop star arrived.*	Die Menge klatschte, als der Popstar erschien.

Sachen

- Unter Sachbezeichnungen versteht man:
  - Bezeichnungen für Gegenstände wie *table*, *house* und *book*
  - Bezeichnungen für Pflanzen
  - Bezeichnungen für Stoffe wie *water, oil, milk, tea* und *coffee*
  - Bezeichnungen für ganz unterschiedliche abstrakte Begriffe wie *light, darkness, music, help, success* und *happiness*
- Einige Sachbezeichnungen werden nur im Singular gebraucht, andere nur im Plural (→ Seite 2).

*Look at this **house**. My father built **it**.*
Sieh dir mal dieses Haus an. Mein Vater hat es gebaut.
*Desmond gave me some **tea**. **It** was very hot.*
Desmond gab mir Tee. Dieser war sehr heiß.
*Listen to this **music**. **It's** fantastic.*
Hör dir diese Musik an. Sie ist toll.

*Tina likes **roses**. **They** are her favourite flowers.*
Tina mag Rosen. Sie sind ihre Lieblingsblumen.

Tiere

- Solange man das Geschlecht von Tieren nicht weiß, betrachtet man sie als Neutrum. Wenn aber ihr Name bekannt ist, bezeichnet man sie entsprechend als männlich oder weiblich.

*There's a **dog** in front of the house.*	Da ist ein Hund vor dem Haus.
*Have you seen **it** before?*	Hast du ihn schon einmal gesehen?
*I love my rabbit. **His** name is **Roger**.*	Ich liebe mein Kaninchen. Sein Name ist Roger.
*This is my cat, **Fluffy**. Isn't **she** cute?*	Das ist meine Katze Fluffy. Ist die nicht süß?

2 Pluralformen von Nomen *(The plural of nouns)*

Regelmäßige Pluralformen

Endung auf *-s* und *-es*

- Alle regelmäßigen Pluralformen enden auf *-s* oder, nach Zischlauten, auf *-es*.
- Nach stimmlosen, also harten Lauten, z. B. [-k, -p, -t], wird auch das *-s* stimmlos [s] gesprochen.
- Nach stimmhaften, weichen Lauten, z. B. [-b, -d, -g, -m, -n], und nach Vokalen ist die Endung stimmhaft [-z].
- Die Endung *-es* wird [ɪz] gesprochen.

clock → *clock**s*** [s]	*dog* → *dog**s*** [z]
cap → *cap**s*** [s]	*film* → *film**s*** [z]
street → *street**s*** [s]	*bus* → *bus**es*** [ɪz]
word → *word**s*** [z]	*match* → *match**es*** [ɪz]

- Nomen, die auf *-o* enden, können entweder *-s* oder *-es* als Endung haben. Man muss sich die entsprechenden Pluralformen einprägen.
- Darüber hinaus gibt es einige Nomen auf *-o*, bei denen beide Pluralformen korrekt sind. Beispiele: *halo* – *halo**s**/halo**es***, *motto* – *motto**s**/motto**es***, *mango* – *mango**s**/mango**es***

radio → *radio**s***	*video* → *video**s***
photo → *photo**s***	*potato* → *potato**es***
disco → *disco**s***	*hero* → *hero**es***
logo → *logo**s***	

tomato → *tomato**es***

Unregelmäßige Pluralformen

-f/-fe* → *-ves

- Die meisten Nomen, die im Singular auf *-f* oder *-fe* enden, bilden ihren Plural mit *-ves*.

half → *hal**ves***	*thief* → *thie**ves***
leaf → *lea**ves***	*knife* → *kni**ves***
loaf → *loa**ves***	*life* → *li**ves***
shelf → *shel**ves***	*wife* → *wi**ves***

Zu den wenigen Ausnahmen gehören: *belief – beliefs, chief – chiefs* und *roof – roofs.*

-y + -s

- Endet ein Nomen auf *-y* nach einem Vokal, dann hängt man im Plural einfach ein *-s* an.

boy → *boy**s***	*guy* → *guy**s***	*quay* → *quay**s***	*toy* → *toy**s***
day → *day**s***	*key* → *key**s***	*ray* → *ray**s***	*way* → *way**s***

-y* → *-ies

- Endet ein Nomen auf *-y* nach einem Konsonanten, so wird das *-y* zu *-ies*.

baby → *bab**ies***	*butterfly* → *butterfl**ies***	*diary* → *diar**ies***	*story* → *stor**ies***
body → *bod**ies***	*century* → *centur**ies***	*family* → *famil**ies***	*belly* → *bell**ies***

Andere Formen

- Eine Reihe von unregelmäßigen Pluralformen passen in keine Kategorie. Man muss sie auswendig lernen.

child → ***children***	*foot* → ***feet***	*mouse* → ***mice***	*tooth* → ***teeth***
fish → ***fish***	*man* → ***men***	*sheep* → ***sheep***	*woman* → ***women***

Nomen, die nur den Singular bilden

- Manche Nomen bilden nur den Singular, z. B. *advice, bread, butter, coffee, food, homework, information, news* und *tea*. Es handelt sich dabei um nicht zählbare Begriffe. Auch das Verb muss danach im Singular stehen.

*This **food tastes** good.*	Dieses Essen schmeckt gut.
***News travels** fast.*	Neuigkeiten verbreiten sich schnell.
*My **homework is** easy.*	Meine Hausaufgaben sind leicht.
*This **information is** important.*	Diese Informationen sind wichtig.

Nomen, die nur den Plural bilden

- Andere Nomen werden nur in der Pluralform gebraucht, z. B. *clothes, glasses, jeans, scissors, shorts, stairs* und *trousers*. Das Verb muss danach ebenfalls im Plural erscheinen.

*Your **clothes are** dirty.*	Deine Kleidung ist schmutzig.
*Linda's **glasses are** trendy.*	Lindas Brille ist schick.
*Where **are** the **scissors**?*	Wo ist die Schere?
*These **are** my new **trousers**.*	Das ist meine neue Hose.

Gruppenbezeichnungen *(Collective nouns)*

- Nach Gruppenbezeichnungen kann das Verb im Singular oder im Plural stehen. Dazu gehören *band, class, crowd, family* und *team*. Benutzt man den Singular, so betont man die Einheit der Gruppe. Mit dem Plural hingegen drückt man aus, was die einzelnen Mitglieder der Gruppe tun.

*My **family** always **meets** for Christmas.*	Meine Familie trifft sich immer zu Weihnachten.
*My **family live** in different countries.*	Meine Familie lebt in verschiedenen Ländern.

3 Der Genitiv *(The genitive)*

Der *s*-Genitiv *(The s-genitive)*

- Wenn man ausdrücken will, wem oder zu wem etwas gehört, hängt man einen Apostroph und ein *s* an das Nomen. Diesen sogenannten *s*-Genitiv benutzt man bei Personen und in der Regel auch bei Tieren.
- Bei Pluralformen auf *-s* fügt man einfach einen Apostroph an. Der Genitiv von anderen Pluralformen wird wie im Singular mit Apostroph und *s* gebildet (zum Plural → Seite 2).

Singular + *'s*	Plural auf *-s* + Apostroph	andere Pluralformen + *'s*
Burt's *inline skates*	*the* ***girls'*** *basketball team*	*the* ***children's*** *books*
Beth's *CD player*	*the* ***boys'*** *football club*	***men's*** *clothes*
the ***girl's*** *schoolbag*	*my* ***parents'*** *house*	***women's*** *rights*
the ***dog's*** *kennel*	*the* ***cats'*** *baskets*	***mice's*** *tails*
Mr ***Anderson's*** *suitcase*	*the* ***Andersons'*** *shop*	

- Bei Familiennamen, die auf *-s* enden, sind beide Formen des *s*-Genitivs möglich.

Mrs Davis'/Mrs Davis's *car*
the Philips'/the Philips's *garden*

- Häufig benutzt man den *s*-Genitiv auch bei Staaten, Städten und Institutionen (z. B. *family, government, ministry, museum, organization, party*) sowie bei Zeitangaben.

Germany's *population has increased.* .... Die deutsche Bevölkerung ist gewachsen.
Big Ben is one of ***London's*** *attractions.* .... Big Ben zählt zu Londons Attraktionen.
The ***party's*** *chairman was re-elected.* .... Der Parteivorsitzende wurde wiedergewählt.
Is this ***today's*** *newspaper?* .... Ist das die Zeitung von heute?
After five ***months'*** *efforts we succeeded.* .... Nach fünfmonatigen Bemühungen hatten wir Erfolg.

- Das Nomen nach dem *s*-Genitiv kann entfallen, wenn es zuvor bereits erwähnt wurde.

Do you prefer ***Brenda's cake*** *or* ***Jane's****?* .... Magst du lieber Brendas oder Janes Kuchen?
Whose skateboard is this? – ***Dennis's****.* .... Wem gehört das Skateboard? – Dennis.

- Außerdem erscheint der *s*-Genitiv meist ohne Bezugswort, wenn dieses eine Ortsangabe ist. Zum Beispiel sagt man *at the baker's* statt *at the baker's shop* oder *at Vera's* statt *at Vera's house*.

at the baker's .... beim Bäcker
at the butcher's .... beim Metzger
at the Butlers' .... bei den Butlers zu Hause
at the doctor's .... beim Arzt
at the grocer's .... im Lebensmittelgeschäft
at Vera's .... bei Vera zu Hause

You find this at the baker's.

Der Genitiv mit *of (The of-phrase)*

- Der Genitiv mit *of* beschreibt die Zuordnung von Dingen.

The owner ***of this house*** *must be rich.* .... Der Eigentümer dieses Hauses muss reich sein.
December 31 is the last day ***of the year****.* .... Der 31. Dezember ist der letzte Tag des Jahres.
Do you know the rules ***of the game****?* .... Kennst du die Spielregeln?
The ending ***of the story*** *was very sad.* .... Das Ende der Geschichte war sehr traurig.

- Im Zusammenhang mit längeren Personenbeschreibungen benutzt man auch die *of-phrase*.

This is the bike ***of the girl that we met at the new pizza place yesterday****.* .... Dieses Fahrrad gehört dem Mädchen, das wir gestern in der neuen Pizzeria getroffen haben.

4 Der Artikel *(The article)*

Der bestimmte Artikel *(The definite article)*

- Anders als im Deutschen gibt es im Englischen nur einen bestimmten Artikel: ***the***.

Aussprache

- Vor Konsonanten spricht man den bestimmten Artikel [ðə] aus. Vor Vokalen (*a, e, i, o* und vor *u*, wenn es als [ʌ] ausgesprochen wird), lautet er [ði:].

the [ðə]	***the*** [ði:]
the book	*the alphabet*
the European [jʊərə'pi:ən] *Union*	*the Indians*
the house	*the hour*
the United [jʊ'naɪtɪd] *Kingdom*	*the umbrella* [ʌm'brelə]

Verwendung

- Man verwendet den bestimmten Artikel, wenn Personen, Tiere, Gegenstände oder Begriffe näher bestimmt sind.
- Bei Institutionen gebraucht man ihn nur, wenn man an ein Gebäude denkt.
- Ansonsten erscheint das Nomen ohne Artikel.
- Der bestimmte Artikel steht unter anderem häufig hinter *double* und *twice*.

Men *often have better jobs than* ***women****.*	Männer haben oft bessere Arbeitsplätze als Frauen.
Elephants *have a good memory.*	Elefanten haben ein gutes Gedächtnis.
Carol likes ***coffee****.*	Carol trinkt gern Kaffee.
Success *is very important to Mark.*	Erfolg ist Mark sehr wichtig.
School *starts at 8 am.*	Die Schule beginnt um acht Uhr morgens.
The criminal spent three years ***in prison****.*	Der Straftäter verbrachte drei Jahre im Gefängnis.
The men *in our football club are good players.*	Die Männer in unserem Fußballklub sind gute Spieler.
The elephants *at our zoo are old.*	Die Elefanten in unserem Zoo sind alt.
Roger spilled ***the coffee*** *his mother gave him.*	Roger verschüttete den Kaffee, den seine Mutter ihm gab.
Many people were surprised by ***the success*** *of the Harry Potter novels.*	Viele Leute waren überrascht vom Erfolg der Harry-Potter-Romane.
The school *Jake goes to is co-ed.*	Die Schule, zu der Jake geht, ist für Jungen und Mädchen.
The prison *in our town was built in 1972.*	Das Gefängnis in unserer Stadt wurde 1972 gebaut.
The Crofts' flat is ***double the*** *size of ours.*	Die Wohnung der Crofts ist doppelt so groß wie unsere.
The jet flies at ***twice the*** *speed of sound.*	Der Jet fliegt mit zweifacher Schallgeschwindigkeit.

Der unbestimmte Artikel *(The indefinite article)*

- Der unbestimmte Artikel lautet ***a*** oder ***an***.

Aussprache

- Vor Konsonanten gebraucht man *a*. Vor Vokalen (*a, e, i, o* und vor *u*, wenn es als [ʌ] ausgesprochen wird) steht *an*.

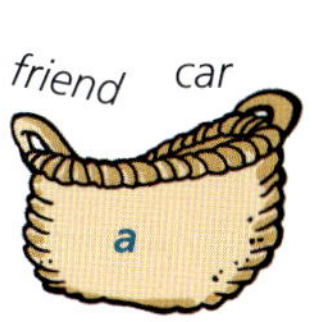

a	***an***
a car	*an apple*
a eucalyptus [ju:kə'lɪptəs]	*an Irish boy*
a friend	*an ocean*
a union ['ju:njən]	*an uncle* ['ʌŋkl]

Verwendung

- Der unbestimmte Artikel steht vor einem Nomen, wenn eine Person, ein Tier, ein Gegenstand oder ein Begriff nicht genau bezeichnet ist. Es handelt sich dabei immer um ein zählbares Nomen im Singular.
- Vor Angaben des Berufs, der Nationalität oder der Zugehörigkeit zu einer Religion ist der unbestimmte Artikel erforderlich.
- Auch bei nachgestellten Zeit-, Maß- und Mengenangaben benutzt man den unbestimmten Artikel. Man übersetzt ihn in diesem Fall mit „pro" oder „je".
- Der unbestimmte Artikel steht unter anderem häufig hinter *such* und *what*.

Tracy met ***a nice boy****.*	Tracy lernte einen netten Jungen kennen.
I just saw ***a mouse*** *outside.*	Gerade habe ich draußen eine Maus gesehen.
This is ***an album*** *by the Magic Kids.*	Das ist ein Album von den *Magic Kids*.
Bruce received ***a phone call*** *at 5am.*	Bruce erhielt um fünf Uhr früh einen Anruf.
Cindy is ***a web designer.***	Cindy ist Web-Designerin.
Murat is ***a Turk****. Carla is* ***an Italian****.*	Murat ist Türke. Carla ist Italienerin.
David is ***a Protestant****. Yasemin is* ***a Muslim****.*	David ist Protestant. Yasemin ist Muslimin.
Tom goes to the gym five times ***a week****.*	Tom geht fünfmal pro Woche ins Fitnessstudio.
The apples are £2.40 ***a kilo****.*	Die Äpfel kosten 2,40 Pfund pro Kilo.
Mrs Brown is ***such a*** *nice teacher.*	Mrs Brown ist solch eine nette Lehrerin.
What an *awful film!*	Was für ein furchtbarer Film!

5 Personenbezogene Pronomen und Begleiter *(Pronouns and determiners)*

Personalpronomen *(Personal pronouns)*

- Personalpronomen sind Wörter, die für ein Nomen stehen. Man nennt sie deshalb auch Fürwörter. Im Subjektfall haben sie eine andere Form als im Objektfall.

Subjekt	Objekt
I	me
you	you
he	him
she	her
it	it
we	us
you	you
they	them

I *love Ron, but he doesn't love* ***me****.*	Ich liebe Ron, aber er liebt mich nicht.
You *are lucky.* ***You*** *love Sharon and she loves* ***you****.*	Du hast Glück. Du liebst Sharon und sie liebt dich.
Jack and Jill are a good team: ***He*** *helps* ***her*** *and* ***she*** *helps* ***him****.*	Jack und Jill sind ein gutes Team: Er hilft ihr und sie hilft ihm.
Oh, a cat! ***It*** *is cute. Can we feed* ***it****?*	Oh, eine Katze! Die ist süß. Können wir sie füttern?
We *like this car, but it is too expensive for* ***us****.*	Wir mögen dieses Auto, aber es ist zu teuer für uns.
Children, can't ***you*** *hear? Your mother is calling* ***you****.*	Kinder, hört ihr nicht? Eure Mutter ruft euch.
They *are very nice. Everybody likes* ***them****.*	Sie sind sehr nett. Alle mögen sie.

You, they und *one*

- Das deutsche *man* lässt sich mit *one, you* und *they* übersetzen.
- Im gesprochenen Englisch werden v. a. *you* und *they* verwendet.

one
you
they (people)

One *never knows enough.*	Man weiß nie genug.
You *have to be careful in the dark.*	Im Dunkeln muss man vorsichtig sein.
They (People) *say that it always rains in England.*	Man sagt, dass es in England immer regne.

Possessivbegleiter *(Possessive determiners)*

- Possessivbegleiter drücken aus, wem oder zu wem etwas oder jemand gehört. Sie stehen vor einem Nomen.
- Sie können durch ***own*** verstärkt werden:
  - vor dem Nomen: Possessivbegleiter + *own*
  - nach dem Nomen: *of* + Possessivbegleiter + *own*

my
your
his, her, its
our
your
their

My *mother works full time.*	Meine Mutter arbeitet Vollzeit.
Your *new hairdo looks very nice.*	Deine neue Frisur sieht sehr hübsch aus.
Antonia would like to have a room ***of her own****.*	Antonia hätte gern ein eigenes Zimmer.
Our *television set is broken.*	Unser Fernseher ist defekt.
Where did you buy ***your*** *new jackets?*	Wo habt ihr eure neuen Jacken gekauft?
Maggy and her brother often cook ***their own*** *meals.*	Maggy und ihr Bruder kochen oft selbst.

Possessivpronomen *(Possessive pronouns)*

- Mit Possessivpronomen kann man ausdrücken, wem oder zu wem etwas oder jemand gehört. Außerdem vermeidet man die Wiederholung eines Nomens. Das klingt im gesprochenen wie im geschriebenen Englisch wesentlich flüssiger.

mine
yours
his, hers
ours
yours
theirs

Whose mobile phone is this? – It's ***mine****.*	Wem gehört das Handy? – Das ist meines.
There's a ruler on the floor. Is it ***yours****?*	Auf dem Boden liegt ein Lineal. Ist das deines?
Did Rupa forget these books? – Yes, they're ***hers****.*	Hat Rupa diese Bücher vergessen? – Ja, das sind ihre.
These must be your pens. – No, ***ours*** *are blue. – Oh, I thought* ***yours*** *were red.*	Das müssen eure Stifte sein. – Nein, unsere sind blau. – Oh, ich dachte, eure seien rot.
Is this the Walkers' farm? – Yes, it's ***theirs****.*	Ist dies die Farm der Walkers? – Ja, das ist ihre.

Reflexivpronomen *(Reflexive pronouns)*

- Reflexivpronomen (rückbezügliche Fürwörter) beziehen sich auf ein vorher genanntes Nomen.
- Im Deutschen gibt es mehr reflexive Verben als im Englischen. Ihre englischen Entsprechungen sind häufig nicht reflexiv. Beispiele: sich entschuldigen – *to apologize*, sich beeilen – *to hurry*, sich etwas vorstellen – *to imagine*, sich hinlegen – *to lie down*, sich auf etwas freuen – *to look forward to*

myself
yourself
himself
herself
itself
ourselves
yourselves
themselves

I hurt ***myself*** *when I jumped off the rock.*	Ich verletzte mich, als ich von dem Felsen sprang.
Could you please introduce ***yourself****?*	Würdest du dich/Würden Sie sich bitte vorstellen?
He bought ***himself*** *some super clothes.*	Er kaufte sich tolle Anziehsachen.
Mandy smiled when she saw ***herself*** *in the mirror.*	Mandy lächelte, als sie sich im Spiegel sah.
Our kitten can already feed ***itself****.*	Unser Kätzchen kann sich schon selbst ernähren.
We keep ***ourselves*** *informed.*	Wir halten uns auf dem Laufenden.
Please help ***yourselves****.*	Bitte bedient euch/bedienen Sie sich.
Vicky and Vikram enjoyed ***themselves*** *at the disco.*	Vicky und Vikram vergnügten sich in der Disko.

each other und *one another*

- Man gebraucht *each other* und *one another*, um auszudrücken, dass etwas auf Gegenseitigkeit beruht.

each other
one another

Fatou and Robert love ***each other****.*	Fatou und Robert lieben sich.
May and Joe send ***each other*** *emails every day.*	May und Joe schicken sich jeden Tag E-Mails.
These people don't understand ***one another.***	Diese Leute verstehen sich nicht.

6 Das Adjektiv *(The adjective)*

Verwendung

- Mit Adjektiven drückt man Eigenschaften und Merkmale von Personen, Tieren, Gegenständen und Ereignissen aus. Sie dienen also der genaueren Beschreibung von Nomen.
- Adjektive können an zwei Stellen im Satz stehen:
  - vor dem Nomen (attributiver Gebrauch)
  - nach bestimmten Verben, vor allem *be* (prädikativer Gebrauch)

Mona has a ***brand-new laptop****.*
Mona hat einen brandneuen Laptop. (attributiv)
Mona's laptop is ***brand-new****.*
Monas Laptop ist brandneu. (prädikativ)
This is an ***exciting story****.*
Das ist eine spannende Geschichte. (attributiv)
This story is so ***exciting****!*
Diese Geschichte ist so spannend! (prädikativ)

Verb + Adjektiv

- In der Regel werden Verben durch Adverbien näher bestimmt (→ Seite 7).
- Nach bestimmten Verben erscheinen jedoch Adjektive. Dazu gehören *be, seem, become, grow, look, taste, smell* und *sound*.

John ***became famous****.*	John wurde berühmt.
Let's go home. It's ***growing dark****.*	Lass/Lasst uns nach Hause gehen. Es wird dunkel.
Caroline's new coat ***looks great****.*	Carolines neuer Mantel sieht toll aus.
Your perfume ***smells good****.*	Dein Parfüm riecht gut.

Adjektiv + *one*

- Wenn man ein Nomen nicht wiederholen möchte, kann man sogenannte Stützwörter benutzen. Es muss sich allerdings um ein zählbares Nomen handeln (→ Seite 1). Das Stützwort für Nomen im Singular ist *one*, im Plural ist es *ones*.
- *One* oder *ones* kann auch nach *the, this, these, those* und *which* stehen.

Which felt-tip would you like? – The blue ***one****.*	Welchen Filzstift möchtest du? – Den blauen.
I have three cats, a black one and two white ***ones****.*	Ich habe drei Katzen, eine schwarze und zwei weiße.
Look at the pictures. Which ***one*** *do you like best?*	Sieh dir die Bilder an. Welches gefällt dir am besten?
I love apples, but ***this one*** *isn't good.*	Ich mag gern Äpfel, aber dieser ist nicht gut.
Which shoes do you like, ***these ones*** *or* ***those ones****?*	Welche Schuhe findest du gut, diese oder die da vorn?

Steigerung

- Mit *-er* (Komparativ) und *-est* (Superlativ) werden gesteigert: einsilbige Adjektive sowie zweisilbige Adjektive, die auf *-er, -le, -ow* und *-y* enden.
- Bei manchen Adjektiven ändert sich dabei die Schreibweise:
  - Das stumme *-e* am Ende entfällt (z. B. *nice, nicer, (the) nicest*).
  - Nach kurzem Vokal wird der Endkonsonant verdoppelt (*hot, hotter, (the) hottest*).
  - *-y* wird zu *-i* (z. B. *happy, happier, (the) happiest*).
- Alle anderen zweisilbigen sowie mehrsilbige Adjektive steigert man mit *more* und *most*. Die Adjektive selbst bleiben dabei unverändert.
- **Die Adjektive *good, bad, many, much* und *little* (in der Bedeutung „wenig") haben unregelmäßige Steigerungen.**

clean	*clean**er***	*(the) clean**est***	*careful*	***more*** *careful*	*(the)* ***most*** *careful*
hot	*hot**ter***	*(the) hot**test***	*difficult*	***more*** *difficult*	*(the)* ***most*** *difficult*
safe	*safe**r***	*(the) safe**st***	*interesting*	***more*** *interesting*	*(the)* ***most*** *interesting*
big	*big**ger***	*(the) big**gest***	*tired*	***more*** *tired*	*(the)* ***most*** *tired*
dry	*dri**er***	*(the) dri**est***	*wonderful*	***more*** *wonderful*	*(the)* ***most*** *wonderful*
clever	*clever**er***	*(the) clever**est***	***good***	***better***	***(the) best***
easy	*easi**er***	*(the) easi**est***	***bad***	***worse***	***(the) worst***
heavy	*heavi**er***	*(the) heavi**est***	***many***	***more***	***(the) most***
narrow	*narrow**er***	*(the) narrow**est***	***much***	***more***	***(the) most***
pretty	*pretti**er***	*(the) pretti**est***	***little***	***less***	***(the) least***
simple	*simple**r***	*(the) simple**st***			

Vergleiche mit Adjektiven

- Vergleicht man zwei Personen oder Dinge mit gleichen Eigenschaften, so benutzt man *as … as*.
- Beim Vergleich zweier ungleicher Personen oder Dinge verwendet man den Komparativ mit *than*.

Sharon is ***as*** *intelligent* ***as*** *Andy.*	Sharon ist so intelligent wie Andy.
Tim's room is ***tidier than*** *mine.*	Tims Zimmer ist ordentlicher als meines.
The red pullover is ***more expensive than*** *the blue one.*	Der rote Pullover ist teurer als der blaue.
I've read ***better*** *novels* ***than*** *this one.*	Ich habe schon bessere Romane als diesen gelesen.

7 Das Adverb *(The adverb)*

Arten von Adverbien und Beispiele

Adverbien der Art und Weise *(Adverbs of manner)*	Adverbien des Ortes *(Adverbs of place)*	Adverbien der Zeit *(Adverbs of time)*	Häufigkeitsadverbien *(Adverbs of frequency)*	Gradadverbien *(Adverbs of degree)*	Frageadverbien *(Interrogative adverbs)*
angrily, fast, happily, hard, loudly, silently, slowly, strongly, quickly, weakly, well	*anywhere, below, everywhere, far, here, inside, near, nowhere, outside, somewhere, there*	*afterwards, just, now, soon, still, then, today, tomorrow, tonight, yesterday, yet*	*always, frequently, monthly, never, occasionally, often, once, twice, sometimes, weekly, usually*	*almost, fairly, hardly, just, nearly, particularly, quite, rather, really, too, very*	*how, when, where, why*

Bildung von Adverbien

- Orts-, Zeit-, Häufigkeits-, Grad- und Frageadverbien sind in der Regel ursprüngliche Adverbien, d. h. sie sind nicht abgeleitet.
- Dagegen werden die meisten Adverbien der Art und Weise gebildet, indem man die Endung ***-ly*** an ein Adjektiv hängt.

*Harry likes **loud** music.* (Adjektiv) .... Harry mag laute Musik.
*Harry always speaks **loudly**.* (Adverb) .... Harry spricht immer laut.
*Vanessa is a **beautiful** girl.* (Adjektiv) .... Vanessa ist ein schönes Mädchen.
*Vanessa also sings **beautifully**.* (Adverb) .... Vanessa singt auch schön.

Besonderheiten bei der Bildung von Adverbien

Ableitung von Adjektiven auf *-y*	Ableitung von Adjektiven auf Konsonant + *-le*	Ableitung von Adjektiven auf *-ic*	Ableitung von Adjektiven auf Vokal + *-l*	Ableitung von Adjektiven auf *-ly*	unregelmäßige Bildungen	Form des Adjektivs = Form des Adverbs	Adverbien mit zwei Formen
*bus**y*** → *bus**ily*** *cos**y*** → *cos**ily*** *happ**y*** → *happ**ily*** Es gibt Ausnahmen, z. B. *sh**y*** → *sh**yly*** und *sl**y*** → *sl**yly***	*capa**ble*** → *capa**bly*** *sensi**ble*** → *sensi**bly*** *sim**ple*** → *sim**ply*** *sup**ple*** → *sup**ply***	*automat**ic*** → *automat**ically*** *bas**ic*** → *bas**ically*** *hect**ic*** → *hect**ically*** *systemat**ic*** → *systemat**ically***	*beauti**ful*** → *beauti**fully*** *care**ful*** → *care**fully*** *mechani**cal*** → *mechani**cally*** *wonder**ful*** → *wonder**fully***	*friend**ly*** → ***in a friendly way***[1] *like**ly*** → ***probably***[2] *sil**ly*** → ***in a silly way***[1]	***good*** → ***well*** ***due*** → ***duly*** ***true*** → ***truly*** ***whole*** → ***wholly***	*fast, low, early, hard, much, extra, late, near, far, little, straight*	*hard* (schwer, hart) ≠ *hardly* (kaum) *high* (hoch) ≠ *highly* (höchst) *late* (spät, zu spät) ≠ *lately* (neulich) *near* (nahe) ≠ *nearly* (fast, beinahe)

Manche Adjektive haben eine andere Bedeutung als das korrespondierende Adverb!

Steigerung von Adverbien

einsilbige Adverbien und ***early***

early → *earl**ier*** → *earl**iest***
fast → *fast**er*** → *fast**est***
hard → *hard**er*** → *hard**est***
high → *high**er*** → *high**est***

zwei- und mehrsilbige Adverbien

angrily → ***more*** *angrily* → ***most*** *angrily*
intensely → ***more*** *intensely* → ***most*** *intensely*
quickly → ***more*** *quickly* → ***most*** *quickly*
tidily → ***more*** *tidily* → ***most*** *tidily*

unregelmäßige Steigerungen

badly → *worse* → *worst*
late → *later* → *last*
far ↗ *farther*[3] → *farthest*[3]
far ↘ *further*[4] → *furthest*[4]
little → *less* → *least*
much/a lot → *more* → *most*
well → *better* → *best*

[1] Adverbialbestimmung mit *way* [2] Adverb mit ähnlicher Bedeutung [3] nur räumlich [4] räumlich, zeitlich und im übertragenen Sinn

8 Adverbien im Satz *(Adverbs in sentences)*

Vergleiche mit Adverbien

- Bei Vergleichen mit Adverbien verwendet man dieselben Konstruktionen wie bei Vergleichen mit Adjektiven: ***as … as*** oder den **Komparativ +** ***than*** (→ Seite 6).

Brenda dances even more wildly than Lester.

Peter can draw ***as well as*** *Deborah.*	Peter kann genauso gut wie Deborah zeichnen.
Jeff did his homework ***as quickly as*** *he could.*	Jeff machte seine Hausaufgaben so schnell er konnte.
Bridget does her homework ***more carefully than*** *Susan.*	Bridget macht ihre Hausaufgaben sorgfältiger als Susan.
Today we worked ***more slowly than*** *yesterday.*	Heute haben wir langsamer gearbeitet als gestern.

Die Stellung von Adverbien im Satz

- Je nachdem, auf welchen Satzteil sich Adverbien beziehen, stehen sie an unterschiedlichen Positionen. Dabei gibt es drei grundlegende Stellungen: die Anfangs-, Binnen- und Endstellung.
- Die Übersicht zeigt, an welchen Positionen die verschiedenen Arten von Adverbien (→ Seite 7) am häufigsten erscheinen.

	Anfangsstellung ***(front position)***	Binnenstellung ***(mid-position)***	Endstellung ***(end position)***
Adverbien der Art und Weise			**häufigste Stellung** *Carol is walking* ***fast****.* Carol geht schnell. *Samuel speaks Russian* ***well****.* Samuel spricht gut Russisch.
Adverbien des Ortes	**wenn das Adverb betont werden soll** ***Here*** *you see the famous castle.* Hier sehen Sie das berühmte Schloss.		**häufigste Stellung** *I couldn't find Jason* ***anywhere****.* Ich konnte Jason nirgends finden.
Adverbien der Zeit	**wenn das Adverb betont werden soll** *Jim seems to be in a good mood.* ***Yesterday*** *he was unhappy.* Jim scheint gute Laune zu haben. Gestern war er unglücklich.		**häufigste Stellung** *We went inline skating* ***yesterday****.* Wir waren gestern inlineskaten.
Häufigkeitsadverbien		**bei unbestimmten Häufigkeitsangaben** *Gillian* ***usually*** *goes to the disco on Fridays.* Gillian geht gewöhnlich freitags in die Disko.	**bei bestimmten Häufigkeitsangaben** *I've been to London* ***twice****.* Ich bin zweimal in London gewesen.

	Stellung vor dem Verb	Stellung vor dem Adjektiv	Stellung vor dem Adverb
Gradadverbien	*Fiona* ***almost*** *lost her watch.* Fiona hat beinahe ihre Armbanduhr verloren. *You can* ***barely*** *see things in the fog.* Im Nebel kann man Dinge kaum erkennen.	*It was* ***too*** *loud in the library to read.* Es war zu laut in der Bibliothek, um zu lesen. *This film is* ***pretty*** *good.* Dieser Film ist ziemlich gut.	*Malcolm runs* ***quite*** *fast.* Malcolm läuft ziemlich schnell. *Our football team played* ***extremely*** *badly.* Unser Fußballteam spielte extrem schlecht.

9 Verwendung von Mengenbezeichnungen *(Use of quantifiers)*

Some und *any*

- Mit *some* und *any* bezeichnet man unbestimmte Mengen (z. B. etwas, einige).
- *Some* steht in Aussagesätzen und Fragen mit einer Bitte oder einem Angebot.
- In Verneinungen, sonstigen Fragen und nach Adverbien wie *hardly* („kaum“) und *never* („nie“) verwendet man *any*.
- Die Mengenangabe *not … any* bedeutet „kein“, „keine“.

Zusammensetzungen
someone, somebody, something, somewhere, anyone, anybody, anything, anywhere

*There is **some** juice in the fridge.*	Im Kühlschrank ist Saft.
*Could I have **some** tea?*	Könnte ich (etwas) Tee haben?
***Something** is wrong here.*	Irgendetwas stimmt hier nicht.
*I can't find **any** cups.*	Ich kann keine Tassen finden.
*Are there **any** cornflakes left?*	Sind noch Cornflakes übrig?
*Is there **anybody** out there?*	Ist da draußen jemand?

No und *none*

- *No* bedeutet „kein“, „keine“ und steht immer vor einem Nomen.
- *None* ersetzt ein Nomen.

Zusammensetzungen
no one, nobody, nothing, nowhere

*I have **no** idea.*	Ich habe keine Ahnung.
*How many letters did you write last week? – **None**.*	Wie viele Briefe hat du letzte Woche geschrieben? – Keine.

Much, many und *a lot of/lots of/plenty of*

- *Much* („viel“) steht vor nicht zählbaren Nomen im Singular (→ Seite 2).
- *Many* („viele“) benutzt man vor zählbaren Nomen im Plural.
- In positiven Aussagen benutzt man statt *much/many* eher *a lot of, lots of, plenty of*.

*Frankie hasn't got **much** energy.*	Frankie hat nicht viel Energie.
*How **much** money do you need?*	Wie viel Geld brauchst du?
*Louise doesn't know **many** people.*	Louise kennt nicht viele Leute.
*Bob bought **a lot of/lots** of CDs.*	Bob kaufte viele CDs.
*We've still got **plenty of** time.*	Wir haben noch viel Zeit.

Little, a little und *few, a few*

- *Little* („wenig“) und *a little* („ein wenig“) stehen vor nicht zählbaren Nomen im Singular.
- *Few* („wenige“) und *a few* („einige“) erscheinen vor zählbaren Nomen im Plural.

*We got **little** work done.*	Wir erledigten nur wenig Arbeit.
*I had **a little** cereal.*	Ich aß ein wenig Müsli.
***Few** people helped me.*	Wenige Menschen halfen mir.
*Rick invited **a few** friends.*	Rick lud einige Freunde ein.

Every, each und *any*

- *Every* und *each* bedeuten beide „jeder“, „jede“, „jedes“.
  Es gibt nur zwei wichtige Unterschiede:
  - *Each* kann auch ohne Nomen stehen.
  - *Each* kann sich auf zwei oder mehr Personen oder auf kleine Mengen beziehen.
- *Any* bezieht sich auf eine beliebige Person oder Sache.

Zusammensetzungen
everybody, everyone, everything, everywhere
anyone, anybody, anything, anywhere

***Every/each** pupil can use the computer room.*	Jede/r Schüler/in kann den Computerraum benutzen.
*Two girls came in. **Each** was carrying a schoolbag.*	Zwei Mädchen kamen herein. Jede trug eine Schultasche.
*The pineapples are £ 1.25 **each**.*	Die Ananas kosten 1,25 Pfund das Stück.
*You can take **any** bus.*	Man kann jeden Bus nehmen.

All

- *All* + Nomen bedeutet „alle ohne Ausnahme“.
- *All* + *the* + Nomen bedeutet „alle aus einer bestimmten Menge“.

***All men** are equal.*	Alle Menschen sind gleich.
***All the girls** in our class are in the drama club.*	Alle Mädchen aus unserer Klasse sind in der Theatergruppe.

Both, either und *neither*

- *Both* bedeutet „beide“.
- *Either* bezieht sich auf zwei Personen oder Dinge und bedeutet „jeder/einer von beiden“.
- *Neither* bedeutet „keiner von beiden“ und bezieht sich auf zwei Personen/Dinge.

***Both** children are good at maths.*	Beide Kinder sind gut in Mathe.
*Look at these two shirts. You can have **either**. – Thank you, but I'm afraid I like **neither**.*	Sieh dir mal diese beiden Hemden an. Du kannst eines haben. – Danke, aber leider finde ich keines von beiden schön.

10 Die Verwendung der Zeiten: Grundregeln 1 *(The use of the tenses: basic rules 1)*

Die einfache Gegenwart *(The simple present)*

- wird verwendet, um Gewohnheiten und regelmäßige Handlungen auszudrücken.
- wird benutzt, um aufeinanderfolgende Handlungen oder Ereignisse zu beschreiben, z. B. in einer Geschichte oder einer Inhaltsangabe.

*Mick **goes** to the gym on Fridays.*	Mick geht freitags ins Fitnessstudio.
*Denah **hears** a noise outside, **opens** the window and **sees** a woman in a black coat.*	Denah hört draußen ein Geräusch, öffnet das Fenster und sieht eine Frau in einem schwarzen Mantel.

Die Verlaufsform der Gegenwart *(The present progressive)*

- verdeutlicht, was gerade passiert oder was jemand gerade tut.
- wird verwendet, um auszudrücken, dass etwas über längere Zeit hinweg geschieht. Diese Handlung kann zum Zeitpunkt des Sprechens auch unterbrochen sein.

*Meryl **is playing** the guitar and her friends **are singing**.*	Meryl spielt (gerade) Gitarre und ihre Freunde singen.
*They say that John Grisham **is working** on a new thriller.*	Man sagt, dass John Grisham an einem neuen Thriller arbeite.

Die einfache Vergangenheit *(The simple past)*

- wird gebraucht, wenn etwas in der Vergangenheit stattgefunden hat und abgeschlossen ist.
- ist eine Zeitform, mit der man vergangene Handlungsfolgen wiedergibt, z. B. in Erzählungen und Berichten.

*Rohinton **grew up** in Madras and **moved** to Manchester at the age of 21.*	Rohinton wuchs in Madras auf und zog mit 21 Jahren nach Manchester.
*Julie **spent** the whole day in the park.*	Julie verbrachte den ganzen Tag im Park.
*First she **went** inline skating. Then she **had** an ice cream. Later she **lay** on the grass.*	Erst war sie inlineskaten. Dann aß sie ein Eis. Später lag sie im Gras.

Die Verlaufsform der Vergangenheit *(The past progressive)*

- bringt zum Ausdruck, dass eine Handlung zu einem bestimmten Zeitpunkt in der Vergangenheit gerade im Gang war oder dass mehrere Handlungen gleichzeitig abliefen.
- wird benutzt, um eine Hintergrundhandlung zu beschreiben, während der andere Dinge passierten. Diese Ereignisse drückt man mit dem *simple past* aus.

*When Alice came home, Bronwyn **was dancing**, George **was having** some spaghetti and Gareth **was sleeping**.*	Als Alice nach Hause kam, tanzte Bronwyn gerade. George aß Spaghetti und Gareth schlief.
*While Clare and Dylan **were doing** aerobics, their stereo broke.*	Während Clare und Dylan Aerobic-Übungen machten, ging ihre Stereoanlage kaputt.

Das Perfekt *(The simple present perfect)*

- drückt aus, dass Handlungen oder Ereignisse, die schon beendet sind, Auswirkungen auf die Gegenwart haben. Die „Ergebnisse" sind noch vorhanden.
- wird benutzt, um zu sagen, dass etwas gerade passiert ist.
- wird verwendet, wenn etwas schon einmal, häufig oder noch nie geschehen ist.

*Lucy **has phoned** her friend Doreen.*	Lucy hat eben ihre Freundin Doreen angerufen.
They want to meet at five o'clock.	Sie wollen sich um fünf Uhr treffen.
*Ouch! I'**ve** cut myself.*	Aua! Ich habe mich geschnitten.
*I'**ve seen** lots of British films.*	Ich habe schon viele britische Filme gesehen.

Die Verlaufsform des Perfekt *(The present perfect progressive)*

- drückt aus, dass etwas in der Vergangenheit begonnen hat, noch andauert und eventuell auch in der Zukunft weitergehen wird.

*Max **has been looking** for a new job since June.*	Max sucht seit Juni eine neue Stelle.
*Khalil **has been playing** in a band since 2006.*	Khalil spielt seit 2006 in einer Band.
*Glenda **has been surfing** the Internet all morning.*	Glenda surft schon den ganzen Morgen im Internet.

Simple past und *Present perfect* im Vergleich

abgeschlossene Handlung oder Tatsache → *simple past*

*Ten years ago Trevor **lived** in China.*	Vor zehn Jahren lebte Trevor in China.
*Audrey **went** on a long bike tour last month.*	Im letzten Monat hat Audrey eine lange Fahrradtour gemacht.

Handlung oder Tatsache mit Bezug zur Gegenwart → *present perfect*

*Joel **has** always **lived** in Birmingham.*	Joel hat schon immer in Birmingham gelebt.
*Wendy isn't at home. She'**s gone** on a bike tour with her friends.*	Wendy ist nicht zu Hause. Sie macht mit ihren Freunden eine Fahrradtour.

11 Die Verwendung der Zeiten: Grundregeln 2 *(The use of the tenses: basic rules 2)*

Das Plusquamperfekt *(The simple past perfect)*

- drückt aus, was vor einem bestimmten Zeitpunkt in der Vergangenheit geschehen ist.

Gavin bought a mousepad yesterday because he ***had lost*** *his.*	Gavin hat sich gestern ein Mousepad gekauft, weil er seines verloren hatte.
After Lois ***had done*** *the washing-up for her mum, she went to the cinema.*	Nachdem Lois für ihre Mutter gespült hatte, ging sie ins Kino.

Die Verlaufsform des Plusquamperfekts *(The past perfect progressive)*

- wird benutzt, um zu sagen, was zwischen einem Zeitpunkt, der weit in der Vergangenheit zurückliegt, und einem anderen, näheren Zeitpunkt in der Vergangenheit geschehen ist.

At 7am Kathleen ***had*** *already* ***been doing*** *gymnastics for a while.*	Um sieben Uhr morgens hatte Kathleen schon eine Zeit lang Gymnastik gemacht.
Quentin ***had been walking*** *for several hours when he arrived at the cabin.*	Quentin war mehrere Stunden lang gewandert, als er die Hütte erreichte.

Das Konditional I *(The conditional)*

- steht im Hauptsatz, wenn im Nebensatz mit *if* eine unmögliche Voraussetzung ausgedrückt wird (→ Seite 29).
- steht in der indirekten Rede, wenn in der direkten Rede das Futur mit *will* verwendet würde.

If Lizzie knew more about the dangers of environmental pollution, she ***would take*** *empty bottles to the bottle bank.*	Wenn Lizzie mehr über die Gefahren der Umweltverschmutzung wüsste, würde sie leere Flaschen zum Altglascontainer bringen.
Myles told me he ***would go*** *to a Halloween party on Saturday.*	Myles sagte mir, er werde am Samstag auf eine Halloweenparty gehen.

Das Konditional II *(The conditional perfect)*

- steht im Hauptsatz, wenn im Nebensatz mit *if* eine nicht mehr erfüllbare Voraussetzung ausgedrückt wird (→ Seite 29);
- steht in der indirekten Rede, wenn in der direkten Rede das *future perfect* verwendet würde.

Dustin ***would have phoned*** *his sister earlier if he had known about her problems.*	Dustin hätte seine Schwester eher angerufen, wenn er von ihren Problemen gewusst hätte.
Sonia said that she ***would have finished*** *painting her room by today but she's still working hard.*	Sonia sagte, dass sie bis heute mit dem Anstreichen ihres Zimmers fertig wäre, aber sie arbeitet immer noch hart.

Das Futur mit *going to (The going to-future)*

- beschreibt, was man für die Zukunft plant oder beabsichtigt.
- bringt zum Ausdruck, dass etwas mit großer Wahrscheinlichkeit passieren wird.

I'm going to fly *to Spain next week.*	Nächste Woche fliege ich nach Spanien.
*Alan is so lazy. He'****s going to get*** *bad grades.*	Alan ist so faul. Er wird schlechte Noten bekommen.
The Bakers ***are going to go*** *on a boat trip.*	Die Bakers werden eine Bootsfahrt unternehmen.

Das Futur mit *will (The will-future)*

- beschreibt, was in der Zukunft wahrscheinlich oder zumindest vermutlich passieren wird.
- drückt spontane Entschlüsse aus.

I think Jane ***will like*** *her birthday presents.*	Ich glaube, Jane wird ihre Geburtstagsgeschenke mögen.
I've got a fever, Mum. – ***I'll phone*** *the doctor.*	Ich habe Fieber, Mama. – Ich rufe den Arzt an.

Die einfache Gegenwart *(The simple present)*

- wird zusammen mit einer Zeitangabe benutzt, um über einen festgelegten Termin zu sprechen, z. B. über die Ankunft eines Zuges oder den Beginn einer Theatervorstellung.

The show ***begins*** *at 8.30pm.*	Die Vorstellung beginnt um 20.30 Uhr.

Die Verlaufsform der Gegenwart *(The present progressive)*

- drückt einen festen Plan aus. Durch eine genaue Zeitangabe oder den Zusammenhang muss deutlich werden, dass das Vorhaben in der Zukunft liegt.

Tomorrow Lynn and Ken ***are getting*** *married.* … Morgen heiraten Lynn und Ken.

Das *future progressive*

- wird benutzt, um zu sagen, dass eine Handlung oder ein Ereignis auf jeden Fall stattfinden wird, gleichgültig, ob man selbst es plant oder nicht.

Delia ***will be spending*** *Christmas with us as usual.*	Delia wird wie gewöhnlich das Weihnachtsfest bei uns verbringen.

Das *future perfect*

- drückt aus, dass eine Handlung zu einem bestimmten Zeitpunkt in der Zukunft vorüber sein wird.

By the end of the month Pippa ***will have collected*** *more than £100 for UNICEF.*	Bis zum Ende des Monats wird Pippa über 100 Pfund für UNICEF gesammelt haben.

Zeitformen des Verbs: Gegenwart und Vergangenheit *(Tenses of the verb: present and past tense)*

- Im Englischen gibt es in allen Zeiten eine *simple form* und eine *progressive form* (zu ihrer unterschiedlichen Verwendung → Seite 10 und 11).
- Die *progressive form* ist aber nur bei Verben möglich, die entweder eine Tätigkeit (z.B. *run, read, write*) oder einen Vorgang (z.B. *become, grow*) ausdrücken. Sie kann als Lang- und als Kurzform gebildet werden.
- Auch bei den Verneinungen gibt es eine Kurz- und eine Langform.

Diese und die beiden folgenden Seiten vermitteln einen Überblick über die Formenbildung der Zeiten und wichtige Besonderheiten (zu den unregelmäßigen Verben → Seite 31 und 32).

Die Gegenwart *(The present tense)*

Besonderheiten in der 3. Person Singular

- Die Endung in der 3. Person Singular ist *-s*, nach Zischlauten [-s, -z, -ʃ, -tʃ, -dʒ] *-es*:
  *wash → he wash**es***   *touch → she touch**es***
- Aussprache der s-Endung:
  [s] nach stimmlosem Laut: *talk**s***
  [z] nach stimmhaftem Laut oder Vokal: *run**s**, see**s***
- Konsonant + *-y* → *-ie*:
  *cr**y** → he cr**ies***   *tr**y** → she tr**ies***
- Sonderformen:
  *do → he **does***   *go → he **goes***
  *have → she **has***   *say → she **says***

Simple present

	Langform	Kurzform
Bejahung	*I walk*	
	you walk	
	he/she/it walks	
	we walk	
	you walk	
	they walk	
Verneinung	*I do not walk*	*I don't walk*
	you do not walk	*you don't walk*
	he/she/it does not walk	*he/she/it doesn't walk*
	we do not walk	*we don't walk*
	you do not walk	*you don't walk*
	they do not walk	*they don't walk*

Present progressive

	Langform	Kurzform
Bejahung	*I am walking*	*I'm walking*
	you are walking	*you're walking*
	he/she/it is walking	*he's/she's/it's walking*
	we are walking	*we're walking*
	you are walking	*you're walking*
	they are walking	*they're walking*
Verneinung	*I am not walking*	*I'm not walking*
	you are not walking	*you aren't walking*
	he/she/it is not walking	*he/she/it isn't walking*
	we are not walking	*we aren't walking*
	you are not walking	*you aren't walking*
	they are not walking	*they aren't walking*

Die Vergangenheit *(The past tense)*

Besonderheiten

- Aussprache der regelmäßigen Endung auf *-ed*:
  [t] nach stimmlosem Laut: *pushed, skipped*
  [d] nach stimmhaftem Laut oder Vokal: *pulled, climbed*
  [ɪd] nach [t] und [d]: *admitted, shouted, moulded*
- Das stumme End-e entfällt:
  *lov**e** → lov**ed***   *bath**e** → bath**ed***
- Konsonant + *-y* → *-ied*:
  *carr**y** → I carr**ied***   *hurr**y** → we hurr**ied***
- Verdoppelung des Endkonsonanten nach kurzem Vokal:
  *ro**b** → ro**bbed***   *trave**l** → trave**lled***
  *sca**n** → sca**nned***   *sto**p** → sto**pped***

Simple past

	Langform	Kurzform
Bejahung	*I walked*	
	you walked	
	he/she/it walked	
	we walked	
	you walked	
	they walked	
Verneinung	*I did not walk*	*I didn't walk*
	you did not walk	*you didn't walk*
	he/she/it did not walk	*he/she/it didn't walk*
	we did not walk	*we didn't walk*
	you did not walk	*you didn't walk*
	they did not walk	*they didn't walk*

Past progressive

	Langform	Kurzform
Bejahung	*I was walking*	
	you were walking	
	he/she/it was walking	
	we were walking	
	you were walking	
	they were walking	
Verneinung	*I was not walking*	*I wasn't walking*
	you were not walking	*you weren't walking*
	he/she/it was not walking	*he/she/it wasn't walking*
	we were not walking	*we weren't walking*
	you were not walking	*you weren't walking*
	they were not walking	*they weren't walking*

13 Zeitformen des Verbs: Perfekt und Plusquamperfekt *(Tenses of the verb: present perfect and past perfect)*

Diese Seite gibt einen Überblick über die regelmäßige Bildung des Perfekts und Plusquamperfekts (zum Partizip → Seite 21, zu den unregelmäßigen Verben → Seite 31 und 32).

Das Perfekt *(The present perfect)*

Simple present perfect

	Langform	Kurzform
Bejahung	*I have walked*	*I've walked*
	you have walked	*you've walked*
	he/she/it has walked	*he's/she's/it's walked*
	we have walked	*we've walked*
	you have walked	*you've walked*
	they have walked	*they've walked*
Verneinung	*I have not walked*	*I haven't walked*
	you have not walked	*you haven't walked*
	he/she/it has not walked	*he/she/it hasn't walked*
	we have not walked	*we haven't walked*
	you have not walked	*you haven't walked*
	they have not walked	*they haven't walked*

Present perfect progressive

	Langform	Kurzform
Bejahung	*I have been walking*	*I've been walking*
	you have been walking	*you've been walking*
	he/she/it has been walking	*he's/she's/it's been walking*
	we have been walking	*we've been walking*
	you have been walking	*you've been walking*
	they have been walking	*they've been walking*
Verneinung	*I have not been walking*	*I haven't been walking*
	you have not been walking	*you haven't been walking*
	he/she/it has not been walking	*he/she/it hasn't been walking*
	we have not been walking	*we haven't been walking*
	you have not been walking	*you haven't been walking*
	they have not been walking	*they haven't been walking*

Das Plusquamperfekt *(The past perfect)*

Simple past perfect

	Langform	Kurzform
Bejahung	*I had walked*	*I'd walked*
	you had walked	*you'd walked*
	he/she/it had walked	*he'd/she'd walked*
	we had walked	*we'd walked*
	you had walked	*you'd walked*
	they had walked	*they'd walked*
Verneinung	*I had not walked*	*I hadn't walked*
	you had not walked	*you hadn't walked*
	he/she/it had not walked	*he/she/it hadn't walked*
	we had not walked	*we hadn't walked*
	you had not walked	*you hadn't walked*
	they had not walked	*they hadn't walked*

Past perfect progressive

	Langform	Kurzform
Bejahung	*I had been walking*	*I'd been walking*
	you had been walking	*you'd been walking*
	he/she/it had been walking	*he'd/she'd been walking*
	we had been walking	*we'd been walking*
	you had been walking	*you'd been walking*
	they had been walking	*they'd been walking*
Verneinung	*I had not been walking*	*I hadn't been walking*
	you had not been walking	*you hadn't been walking*
	he/she/it had not been walking	*he/she/it hadn't been walking*
	we had not been walking	*we hadn't been walking*
	you had not been walking	*you hadn't been walking*
	they had not been walking	*they hadn't been walking*

14 Zeitformen des Verbs: Konditional und Zukunft *(Tenses of the verb: conditional and future)*

Die Seite gibt einen Überblick über die regelmäßige Bildung des Konditionals und des Futurs (zum Partizip → Seite 21, zu den unregelmäßigen Verben → Seite 31 und 32).
Formen des *progressive* im Konditional werden nicht häufig verwendet und sind deshalb hier nicht aufgeführt.

Das Konditional I *(The conditional)*

Conditional

	Langform	Kurzform
Bejahung	*I would walk*	*I'd walk*
	you would walk	*you'd walk*
	he/she/it would walk	*he'd/she'd walk*
	we would walk	*we'd walk*
	you would walk	*you'd walk*
	they would walk	*they'd walk*
Verneinung	*I would not walk*	*I wouldn't walk*
	you would not walk	*you wouldn't walk*
	he/she/it would not walk	*he/she/it wouldn't walk*
	we would not walk	*we wouldn't walk*
	you would not walk	*you wouldn't walk*
	they would not walk	*they wouldn't walk*

Conditional perfect

	Langform	Kurzform
Bejahung	*I would have walked*	*I'd have walked*
	you would have walked	*you'd have walked*
	he/she/it would have walked	*he'd/she'd have walked*
	we would have walked	*we'd have walked*
	you would have walked	*you'd have walked*
	they would have walked	*they'd have walked*
Verneinung	*I would not have walked*	*I wouldn't have walked*
	you would not have walked	*you wouldn't have walked*
	he/she/it would not have walked	*he/she/it wouldn't have walked*
	we would not have walked	*we wouldn't have walked*
	you would not have walked	*you wouldn't have walked*
	they would not have walked	*they wouldn't have walked*

Das Futur *(The future)*

Will-future

	Langform	Kurzform
Bejahung	*I will walk*	*I'll walk*
	you will walk	*you'll walk*
	he/she/it will walk	*he'll/she'll/it'll walk*
	we will walk	*we'll walk*
	you will walk	*you'll walk*
	they will walk	*they'll walk*
Verneinung	*I will not walk*	*I won't walk*
	you will not walk	*you won't walk*
	he/she/it will not walk	*he/she/it won't walk*
	we will not walk	*we won't walk*
	you will not walk	*you won't walk*
	they will not walk	*they won't walk*

Future progressive

	Langform	Kurzform
Bejahung	*I will be walking*	*I'll be walking*
	you will be walking	*you'll be walking*
	he/she/it will be walking	*he'll/she'll/it'll be walking*
	we will be walking	*we'll be walking*
	you will be walking	*you'll be walking*
	they will be walking	*they'll be walking*
Verneinung	*I will not be walking*	*I won't be walking*
	you will not be walking	*you won't be walking*
	he/she/it will not be walking	*he/she/it won't be walking*
	we will not be walking	*we won't be walking*
	you will not be walking	*you won't be walking*
	they will not be walking	*they won't be walking*

Future perfect

	Langform	Kurzform
Bejahung	*I will have walked*	*I'll have walked*
	you will have walked	*you'll have walked*
	he/she/it will have walked	*he'll/she'll/it'll have walked*
	we will have walked	*we'll have walked*
	you will have walked	*you'll have walked*
	they will have walked	*they'll have walked*
Verneinung	*I will not have walked*	*I won't have walked*
	you will not have walked	*you won't have walked*
	he/she/it will not have walked	*he/she/it won't have walked*
	we will not have walked	*we won't have walked*
	you will not have walked	*you won't have walked*
	they will not have walked	*they won't have walked*

15 Wichtige Zeitformen von *be, do* und *have* (*Important tenses of "be", "do" and "have"*)

▸ *Be, do* und *have* können als Vollverben und als Hilfsverben auftreten (→ Seite 17). Es ist wichtig, insbesondere ihre Zeitformen in der Gegenwart und in der Vergangenheit zu kennen.

be

	Present tense		*Past tense*	
	Langform	Kurzform	Langform	Kurzform
Bejahung	*I am* *you are* *he/she/it is* *we are* *you are* *they are*	*I'm* *you're* *he's/she's/it's* *we're* *you're* *they're*	*I was* *you were* *he/she/it was* *we were* *you were* *they were*	
Verneinung	*I am not* *you are not* *he/she/it is not* *we are not* *you are not* *they are not*	*I'm not* *you aren't* *he/she/it isn't* *we aren't* *you aren't* *they aren't*	*I was not* *you were not* *he/she/it was not* *we were not* *you were not* *they were not*	*I wasn't* *you weren't* *he/she/it wasn't* *we weren't* *you weren't* *they weren't*

do

	Present tense		*Past tense*	
	Langform	Kurzform	Langform	Kurzform
Bejahung	*I do* *you do* *he/she/it does* *we do* *you do* *they do*		*I did* *you did* *he/she/it did* *we did* *you did* *they did*	
Verneinung	*I do not* *you do not* *he/she/it does not* *we do not* *you do not* *they do not*	*I don't* *you don't* *he/she/it doesn't* *we don't* *you don't* *they don't*	*I did not* *you did not* *he/she/it did not* *we did not* *you did not* *they did not*	*I didn't* *you didn't* *he/she/it didn't* *we didn't* *you didn't* *they didn't*

have

	Present tense		*Past tense*	
	Langform	Kurzform	Langform	Kurzform
Bejahung	*I have* *you have* *he/she/it has* *we have* *you have* *they have*		*I had* *you had* *he/she/it had* *we had* *you had* *they had*	
Verneinung	*I do not have* *you do not have* *he/she/it* *does not have* *we do not have* *you do not have* *they do not have*	*I don't have* *you don't have* *he/she/it* *doesn't have* *we don't have* *you don't have* *they don't have*	*I did not have* *you did not have* *he/she/it* *did not have* *we did not have* *you did not have* *they did not have*	*I didn't have* *you didn't have* *he/she/it* *didn't have* *we didn't have* *you didn't have* *they didn't have*

Besonderheiten

▸ Die Formen in der Tabelle beziehen sich auf *have* als Vollverb. Wenn es als Hilfsverb auftritt, sind Kurzformen im gesprochenen Englisch geläufig. Beispiele: *We**'ve** been to Spain many times. Sue **hasn't** had time to call Jim. I**'d** never seen a wahle before I went to the US. They were hungry because they **hadn't** had lunch.*

▸ Die dritten Formen (= *past participles*) von *be, do* und *have* lauten *been, done* und *had*. Damit bildet man das *present perfect*, das *past perfect*, das *future perfect* und das *conditional perfect*.

16 Das Passiv *(The passive)*

Aktiv und Passiv

- Mit dem **Aktiv** stellt man eine Handlung in den Vordergrund. Man betont also, was eine Person oder Sache tut.
- Das **Passiv** dagegen hebt hervor, was mit einer Person oder Sache geschieht.
- Alle Verben bilden Aktivformen, aber Passivsätze sind nur mit Verben möglich, die ein Objekt haben.
- Englischen Passivsätzen entsprechen im Deutschen häufig Sätze mit „man".

Aktiv

*The reporter **asked** the film star for an interview.*
Der Reporter bat den Filmstar um ein Interview.

Passiv

*The film star **was asked** a lot of questions.*
Man stellte dem Filmstar viele Fragen.

Zeitformen

- Man bildet das Passiv mit einer Form von *be* und der dritten Form des Verbs (= *past participle*; → Seite 21).
- Die Form von *be* muss in derselben Zeitform stehen wie das Verb im Aktivsatz (zu den unregelmäßigen Verben → Seite 31 und 32).
- Das Passiv kann mit allen einfachen Zeitformen gebildet werden.
- Bei den Formen im *progressive* sind nur das *present progressive* und das *past progressive* geläufig.
- Für die Verwendung der Zeitformen gelten dieselben Regeln wie bei Aktivsätzen (→ Seite 10 und 11).

	Form von *be*	*past participle*
simple present	*am/is/are*	*seen*
present progressive	*am/is/are being*	*found*
simple past	*was/were*	*kept*
past progressive	*was/were being*	*hidden*
present perfect	*has/have been*	*finished*
past perfect	*had been*	*sold*
conditional	*would be*	*done*
conditional perfect	*would have been*	*built*
will-future	*will be*	*changed*
future perfect	*will have been*	*received*
auxiliaries	*can/may/must … be*	*given*

Das Passiv mit *by*

- Meistens sagt man in Passivsätzen nicht, wer die Handlung ausführt. Wenn dies allerdings wichtig ist, dann wird die handelnde Person als *by-agent* erwähnt.

Poachers *hunt* *a lot of wild animals.* — Wilderer jagen viele Raubtiere.

A lot of wild animals *are hunted* *by poachers.* — Viele Raubtiere werden von Wilderern gejagt.

Das Passiv bei Verben mit Präposition

- Verben mit Präpositionen sind *unzertrennlich*, d. h. auch im Passivsatz bleibt die Präposition hinter dem Verb stehen.

*Old clothes **are thrown away**.* .... Alte Kleidung wird weggeworfen.
*Some strange rumours **were being talked about**.* .... Man sprach über sonderbare Gerüchte.
*The matter **must be looked into**.* .... Man muss sich mit der Angelegenheit beschäftigen.

Das Passiv bei Verben mit zwei Objekten

- Es gibt eine Reihe von Verben, auf die im Aktiv ein indirektes und ein direktes Objekt folgen, z. B. *give, offer, send, show, tell* und *write*. Dann gibt es zwei Möglichkeiten, einen Passivsatz zu bilden, von denen aber das sogenannte persönliche Passiv wesentlich häufiger gebraucht wird.

Aktiv	*Someone **sent** Silvia a love letter.* Jemand schickte Silvia einen Liebesbrief.	*They **told** us an interesting story.* Sie erzählten uns eine interessante Geschichte.
Persönliches Passiv	*Silvia **was sent** a love letter.*	*We **were told** an interesting story.*
Passiv + ***to*** + Objekt (wird kaum verwendet)	*A love letter **was sent to** Silvia.*	*An interesting story **was told to** us.*

17 Vollverben und Hilfsverben *(Main verbs and auxiliaries)*

Vollverben

- Alle „normalen" Verben sind Vollverben.
- Sie stehen allein.
- Sie bilden verschiedene Zeitformen.
- Sie werden unterteilt in regelmäßige und unregelmäßige Verben.

Hilfsverben

- ***be:*** Mit *be* bildet man die *progressive forms* und das Passiv.
- ***do:*** Mit *do* formuliert man Fragen, Verneinungen und betonte Aussagen.
- ***have:*** Mit *have* bildet man die *perfect tenses (present perfect, past perfect, future perfect, conditional perfect).*

Modale Hilfsverben

- Modale Hilfsverben sind: *can, could, may, might, must, needn't, ought to, shall, should, will, would.*
- Sie ergänzen die Bedeutung eines Vollverbs.
- Sie drücken eine persönliche Einstellung aus, z. B. eine Bitte, einen Wunsch oder eine Aufforderung.
- Sie stehen immer zusammen mit dem Infinitiv eines Vollverbs.
- Sie können nur ein oder zwei Zeitformen bilden.

be, do und *have*

- *be, do* und *have* können Vollverben und Hilfsverben sein (zu ihren Zeitformen → Seite 15)

	als Vollverb		als Hilfsverb	
be	*Bertram **is** a shop assistant.*	Bertram ist Verkäufer.	*Duncan **is building** his third model plane.*	Duncan baut sein drittes Modellflugzeug.
	*The Marshalls **aren't** nice neighbours.*	Die Marshalls sind keine netten Nachbarn.	*Annabel **was laughing** about Ted's joke.*	Annabel lachte über Teds Witz.
	*Miranda **has** always **been** athletic.*	Miranda ist schon immer sportlich gewesen.	*The new late night show **is presented***	Das neue Spätprogramm wird von dem
	*Shirley **won't be** home tonight.*	Shirley wird heute Abend nicht zu Hause sein.	*by entertainer Barry Lee.*	Entertainer Barry Lee präsentiert.
do	*Becky **does** the cooking every weekend.*	Becky kocht jedes Wochenende.	***Do** you **like** Steven Spielberg's films?*	Magst du die Filme von Steven Spielberg?
	*What **does** Mr Jones **do** for a living?*	Womit verdient Mr Jones seinen Lebensunterhalt?	***Does** Samantha **play** tennis?*	Spielt Samantha Tennis?
	*What **are** you **doing** tomorrow?*	Was hast du morgen vor?	*Patti **didn't invite** Mitch to her party.*	Patti hat Mitch nicht zu ihrer Party eingeladen.
	*Ellen **hadn't done** her homework*	Ellen hatte ihre Hausaufgaben noch nicht gemacht,	*I wasn't allowed to see Arthur but I*	Ich durfte mich nicht mit Arthur treffen, aber ich
	when Lenny came and picked her up.	als Lenny sie abholte.	***did meet** him* (Betonung auf *did*).	habe mich doch mit ihm getroffen.
have	*Kim **has**[1] a cute little dog.*	Kim hat einen süßen kleinen Hund.	*Maxine **has been playing** in the*	Maxine spielt seit zwei Jahren im
	*Warren **had** a good time with his friends.*	Warren hatte Spaß mit seinen Freunden.	*girls' football team for two years.*	Fußballteam der Mädchen.
	***Do** you **have** time for me?*	Hast du Zeit für mich?	*Viola **had** never **seen** a didgeridoo*	Viola hatte noch nie ein Didgeridoo gesehen,
	*Harriet **will have** fish for lunch tomorrow.*	Harriet wird morgen Fisch zu Mittag essen.	*before she went to the music festival.*	bevor sie das Musikfestival besuchte.

[1] Im britischen Englisch benutzt man auch häufig *have got* mit der Bedeutung „haben", „besitzen".

18 Modale Hilfsverben *(Modal auxiliaries)*

- Modale Hilfsverben werden anderen Verben vorangestellt, um deren Bedeutung genauer zu bestimmen. Sie stehen immer vor einem Infinitiv.
- Die *modal auxiliaries* bilden nur ein oder zwei Zeiten; wenn man eine Aussage in einer anderen Zeit formulieren möchte, muss man die sogenannten Ersatzformen benutzen.

Diese Seite gibt einen Überblick über wichtige *modal auxiliaries* und Möglichkeiten, sie zu verwenden.

häufige Verwendung	Verneinung	Ersatzformen
can Fähigkeit, Möglichkeit, Erlaubnis, Bitte	***cannot/can't*** Unfähigkeit, Unmöglichkeit, Verbot	***be able to*** ***be allowed to***
could Fähigkeit, Möglichkeit und Erlaubnis in der Vergangenheit; Bitte	***could not/couldn't*** Unfähigkeit, Unmöglichkeit, Verbot in der Vergangenheit	
may Bitte um Erlaubnis, Möglichkeit	***may not*** Verweigerung einer Erlaubnis ***must not/mustn't*** Verbot	***be allowed to***
might Möglichkeit, dass etwas passiert	***might not/mightn't*** Möglichkeit, dass etwas nicht passiert	–
must Notwendigkeit, Aufforderung, Vorschrift	***must not/mustn't*** Verbot	***have to***
	needn't fehlende Notwendigkeit	***not + have to***
ought to Ratschlag, etwas zu tun; Ermahnung, Erinnerung an eine Pflicht	***ought not to/oughtn't to*** Ratschlag, etwas nicht zu tun; Ermahnung	–
shall Vorschlag, Angebot	–	–
should Ratschlag, etwas zu tun	***shouldn't*** Ratschlag, etwas nicht zu tun	–
will höfliche Bitte, höfliches Angebot	***won't*** Weigerung	***(not) be willing to*** ***(not) want to*** ***refuse to***
would höfliche Bitte, höfliches Angebot	***wouldn't*** Weigerung in der Vergangenheit	

*Lillian **can juggle** six balls.*	Lillian kann mit sechs Bällen jonglieren.
*You **can't take** my crayons.*	Du darfst meine Buntstifte nicht nehmen.
*Alec **won't be able to** come next week.*	Alec kann nächste Woche nicht kommen.
*Cecil **couldn't find** his glasses.*	Cecil konnte seine Brille nicht finden.
*Denise wants to move, but she **hasn't been able to** find a nice flat so far.*	Denise möchte umziehen, aber sie konnte bisher noch keine hübsche Wohnung finden.
***Could** I **use** your phone, please?*	Dürfte ich bitte Ihr Telefon benutzen?
***May** Gavin sleep over, Mum? – No, he **may not**.*	Darf Gavin bei uns übernachten, Mama? – Nein, das darf er nicht.
*Ron **wasn't allowed to** buy a scooter.*	Ron durfte sich keinen Roller kaufen.
*You **mustn't interrupt** me, Frank.*	Du darfst mich nicht unterbrechen, Frank!
*We **mustn't put** our feet on the table.*	Wir dürfen unsere Füße nicht auf den Tisch legen.
*There **might be** a storm tonight.*	Heute Nacht könnte es einen Sturm geben.
*Brendan **might not know** that you're here.*	Brendan weiß vielleicht nicht, dass du hier bist.
*Nathan **must tidy** his room every night and he **mustn't watch** TV after 8 pm.*	Nathan muss jeden Abend sein Zimmer aufräumen und darf nicht nach acht Uhr fernsehen.
*You **needn't take** an umbrella along.*	Du brauchst keinen Regenschirm mitzunehmen.
*Dad **didn't have to work** yesterday.*	Gestern brauchte Papa nicht zu arbeiten.
*Rachel has a fever. She **ought to see** the doctor.*	Rachel hat Fieber. Sie sollte zum Arzt gehen.
*You **oughtn't to** smoke.*	Du solltest nicht rauchen.
***Shall** we **play** volleyball this afternoon?*	Sollen wir heute Nachmittag Volleyball spielen?
***Shall** I **make** pizza for dinner?*	Soll ich Pizza zum Abendessen machen?
*Liza **should be** more polite.*	Liza sollte höflicher sein.
*You **shouldn't eat** so much fast food.*	Du solltest nicht so viel Fastfood essen.
***Will** you please **help** me?*	Würdest du/Würden Sie mir bitte helfen?
*I **won't go** to the circus with Sam.*	Ich will/werde nicht mit Sam in den Zirkus gehen.
***Would** you **pass** me the potatoes, please?*	Würdest du mir bitte die Kartoffeln geben?
*They **wouldn't let** me go.*	Sie wollten mich nicht gehen lassen.
*Karim **won't be willing/won't want to/will refuse** to lend us his new CDs.*	Karim wird uns seine neuen CDs nicht leihen wollen.

19 Der Infinitiv *(The infinitive)*

▸ Der Infinitiv ist die Grundform des Verbs. Im Englischen kann er mit und ohne *to* erscheinen. Die Seite gibt einen Überblick über einige wichtige Möglichkeiten, den Infinitiv zu verwenden.

Der Infinitiv mit *to* *(The infinitive with "to")*

Der Infinitiv mit *to* steht

- nach bestimmten Verben,
  - die eine Erlaubnis, einen Ratschlag, eine Warnung oder ein Verbot ausdrücken, z. B. *ask, advise, allow, order, permit, tell, warn*
  - die einen Wunsch oder einen Willen ausdrücken, z. B. *expect, want/would like* und *wish*
- nach Adjektiven und ihren Steigerungsformen
- nach *the first, the second* … sowie nach *the last* und *the only*
- nach Fragewörtern und *whether*

*My mother **asked** me **to do** the laundry.*	Meine Mutter bat mich, die Wäsche zu waschen.
*The zookeeper **warned** the youngsters **not to touch** any animals.*	Der Zoowärter warnte die Jugendlichen davor, Tiere anzufassen.
*Terence **wants to travel** to Asia.*	Terence möchte nach Asien reisen.
*Bob **expects** me **to run** in the marathon with him next Saturday.*	Bob erwartet von mir, dass ich mit ihm am nächsten Samstag am Marathon teilnehme.
*It can be **difficult to find** good friends.*	Es kann schwierig sein, gute Freunde zu finden.
*It is **necessary to protect** the environment.*	Es ist notwendig, die Umwelt zu schützen.
*It would be **good to sit** in the shade now and even **better to go** to the swimming pool.*	Es wäre jetzt gut, im Schatten zu sitzen, und noch besser, ins Schwimmbad zu gehen.
*Among our friends, Clive was **the first to get** a computer.*	Von unseren Freunden war Clive der Erste, der einen Computer bekam.
*Sally was **the last to arrive** at Vera's birthday party.*	Sally kam als Letzte zu Veras Geburtstagsparty.
*Rosie was **the only girl to take part** in the weightlifting competition.*	Rosie war das einzige Mädchen, das an dem Wettbewerb im Gewichtheben teilnahm.
*Sebastian knows **where to find** the best bargains.*	Sebastian weiß, wo man die besten Schnäppchen finden kann.
*Emily can show you **how to repair** this bike.*	Emily kann dir zeigen, wie man dieses Fahrrad repariert.
*Sue wasn't sure **whether to go** to the theme park or to the cinema.*	Sue war sich nicht sicher, ob sie in den Freizeitpark oder ins Kino gehen sollte.

Der Infinitiv ohne *to* *(The infinitive without "to")*

Der Infinitiv ohne *to* steht

- nach Verben, die eine Wahrnehmung oder Beobachtung ausdrücken, z. B. *see, hear, feel, notice, watch, observe*
- nach den meisten modalen Hilfsverben
- nach *make someone* (= jdn. lassen, veranlassen, zwingen)
- nach *let* (= lassen, zulassen, erlauben)

*We **saw** a boy **steal** a woman's purse and then **watched** him **run** to the underground.*	Wir sahen, wie ein Junge einer Frau die Geldbörse stahl, und beobachteten dann, wie er zur U-Bahn lief.
*Zoe **heard** her father **leave** the house early in the morning.*	Zoe hörte ihren Vater morgens früh das Haus verlassen.
*Jake blushed when he **noticed** a pretty girl **smile** and then **wave** at him.*	Jake wurde rot, als er bemerkte, dass ihn ein hübsches Mädchen anlächelte und ihm dann zuwinkte.
*I **felt** a cold hand **touch** mine.*	Ich fühlte, wie eine kalte Hand die meine berührte.
*The police **observed** a young man **break** into a house on Chestnut Avenue.*	Die Polizei beobachtete, wie ein junger Mann in ein Haus auf der Chestnut Avenue einbrach.
*16-year-old Jocelyn **may go** on holiday with her friends this year.*	Die 16-jährige Jocelyn darf in diesem Jahr mit ihren Freunden in Urlaub fahren.
*You **should sell** your old toys at the children's flea market.*	Du solltest dein altes Spielzeug auf dem Kinderflohmarkt verkaufen.
***Can** we **become** members of the Chaotic Kids' fan club?*	Können wir Mitglieder des Fanklubs der Chaotic Kids werden?
*The border officials **made** the immigrants **wait** for a long time.*	Die Grenzbeamten ließen die Einwanderer lange warten.
*Gordon **makes** his sister **listen** to his songs because she knows a lot about music.*	Gordon zwingt seine Schwester immer, seine Lieder anzuhören, weil sie viel über Musik weiß.
*Mum always **makes** me **eat up** all my food.*	Mama zwingt mich immer, alles aufzuessen.
***Let** her **do** what she wants.*	Lass sie tun, was sie will.
*Jessica's father **doesn't let** her drive his new car.*	Jessicas Vater lässt sie nicht mit seinem neuen Auto fahren.
***Let's go** into town on Saturday.*	Lass uns am Samstag in die Stadt fahren.

20 Das Gerundium *(The gerund)*

> Achtung! Nicht jede *-ing-form* ist ein Gerundium. Oft handelt es sich um ein *present participle*. Mehr dazu steht auf Seite 21.

- Das Gerundium wird auch *-ing*-Form genannt. Es besteht aus der Grundform des Verbs (Infinitiv) und der Endung *-ing*.
  Beispiele: *climb* → *climbing*, *have* → *having*, *swim* → *swimming*, *watch* → *watching*
- Häufig ist das Gerundium Subjekt oder Objekt eines Satzes:
  Subjekt: ***Dancing** is fun.* .... Tanzen macht Spaß.
  Objekt: *Wendy enjoys **caring** for her pets.* .... Wendy kümmert sich gern um ihre Haustiere.
- Verben, die auf eine Präposition folgen, stehen immer im Gerundium. Präpositionen (= Verhältniswörter) sind zum Beispiel *about, at, by, in, on, of, to* und *with*. Nicht zuletzt muss man auch wissen, welche Verben, Nomen, Adjektive und sonstigen Ausdrücke stets ein Gerundium nach sich ziehen. Auf dieser Seite sind die wichtigsten Beispiele zusammengestellt.

Verb + Gerundium

- *avoid, consider, enjoy, finish, mind*

*Liza **considers moving** to Glasgow.*	Liza erwägt, nach Glasgow zu ziehen.
*When will you **finish doing** your sums?*	Wann bist du mit deinen Rechenaufgaben fertig?
*Would you **mind waiting** a moment?*	Würden Sie bitte einen Moment warten?

Verb + Präposition + Gerundium

- *dream about/of, feel like, insist on, give up, look forward to, put off, succeed in, talk about/of, think about/of*

*Jeff **dreams of going** on a world trip.*	Jeff träumt davon, eine Weltreise zu machen.
*Natalie wants to **give up smoking**.*	Natalie möchte aufhören zu rauchen.
*I **look forward to seeing** you again.*	Ich freue mich darauf, dich wiederzusehen.

Verb + Gerundium oder Verb + Infinitiv

- ohne Bedeutungsunterschied
  allow, begin, continue, hate, like, love, recommend, start

*I **hate being** late.* *I **hate to be** late.*	Ich hasse es, zu spät zu kommen.
*Many kids **like playing** computer games.* *Many kids **like to play** computer games.*	Viele Kinder machen gern Computerspiele.

- mit Bedeutungsunterschied

  forget, regret, remember + Gerundium → bezieht sich auf etwas in der Vergangenheit
  forget, regret, remember + Infinitiv → bezieht sich auf etwas in der Zukunft

  stop + Gerundium → bezieht sich auf eine Handlung, die bisher stattgefunden hat
  stop + Infinitiv → bezieht sich auf eine Handlung, die von jetzt an stattfinden wird

*Derek **forgot seeing** Cheryl.*	Derek vergaß, dass er Cheryl gesehen hatte.
*Don't **forget to buy** milk!*	Vergiss nicht, Milch zu kaufen!
*Bob finally **stopped teasing** us.*	Bob hörte endlich auf, uns zu ärgern.
*Wilma **stopped to buy** a roll.*	Wilma blieb stehen, um ein Brötchen zu kaufen.

Nomen + Präposition + Gerundium

- *chance of, danger of, difficulty in, hope of, interest in, possibility of, reason for, surprise at, way of*

*Our basketball team has a good **chance of winning**.*	Unser Basketballteam hat gute Chancen zu gewinnen.

Adjektiv + Präposition + Gerundium

- *afraid of, bad at, famous for, fond of, good at, interested in, keen on, proud of, tired of, used to*

*Hank is **good at playing** cards.*	Hank spielt gut Karten.

bestimmte Ausdrücke + Gerundium

- *it's no use, it's worthwhile, can't/couldn't help, how about/what about*

*Bert **couldn't help smiling** when he saw Annabel.*	Bert musste einfach lächeln, als er Annabel sah.

21 Das Partizip *(The participles)*

Das Partizip Präsens *(The present participle)*

Bildung

- Es besteht aus der Grundform des Verbs (Infinitiv) und der Endung *-ing*. Das stumme End-e entfällt. Der Endkonsonant nach einem kurzen Vokal wird verdoppelt.

*jump → jump**ing***, *study → study**ing***, *talk → talk**ing***, *wait → wait**ing***
*move → mov**ing***, *dance → danc**ing***, *leave → leav**ing***, *love → lov**ing***
*clap → clap**ping***, *cut → cut**ting***, *hit → hit**ting***, *run → run**ning***

jumping

Verwendung

- Das *present participle* kann oft wie ein Adjektiv verwendet werden.
- Es dient zur Bildung der Zeitformen im *progressive* (→ Seiten 12 bis 14).
- Es steht nach bestimmten Verben. Dazu gehören:
  - Verben der Wahrnehmung, z. B. *see, watch, notice, hear, smell, feel*[1]
  - Verben der Ruhe, des Kommens und Gehens, z. B. *come, go, lie, remain, stand*
  - *keep, leave, find, send*

a freezing wind, the glimmering night sky, loving parents, running water

I am going, you were laughing, he has been swimming, we had been playing, they will be lying

*Suddenly Fay **heard** someone **laughing** loudly.* …… Plötzlich hörte Fay, wie jemand laut lachte.
*Darrell **came running** down the street in order to catch the school bus.* …… Darrell kam die Straße heruntergelaufen, um den Schulbus zu erreichen.
*Patrick **keeps sending** Jody red roses although she once **left** him **standing** in the rain.* …… Patrick schickt Jody ständig rote Rosen, obwohl sie ihn einmal im Regen stehen ließ.

Das Partizip Perfekt *(The past participle)*

Bildung

- Es besteht aus der Grundform des Verbs und der Endung *-ed*. Das stumme End-e entfällt. Der Endkonsonant nach einem kurzen Vokal wird verdoppelt. Die Endung *-y* wird zu *-ied*.
- Die unregelmäßigen Formen muss man auswendig lernen (→ Seite 31 und 32).

*follow → follow**ed***, *open → open**ed***, *turn → turn**ed***, *want → want**ed***
*believe → believ**ed***, *imagine → imagin**ed***, *raise → rais**ed***, *realize → realiz**ed***
*hum → hum**med***, *rob → rob**bed***, *stop → stop**ped***, *travel → travel**led***
*accomany → accompan**ied***, *carry → carr**ied***, *cry → cr**ied***, *try → tr**ied***

Verwendung

- Auch das *past participle* kann oft wie ein Adjektiv verwendet werden.
- Es dient zur Bildung der *perfect tenses* *(present perfect, past perfect, future perfect, conditional perfect).*
- Es dient außerdem zur Bildung des Passivs (→ Seite 16).

broken windows, chopped meat, a mixed society, stolen money

I have seen, you had bought, she will have studied, they would have cut

*The children **had** never **been left** alone.*

This house was built in 1754.

Verkürzung von Nebensätzen

Partizip statt Relativsatz

- Die Partizipien können statt eines Relativsatzes stehen (→ Seite 27).

*What's the name of the girl **standing** at the door?*
*What's the name of the girl **who is standing** at the door?* → Wie heißt das Mädchen, das an der Tür steht?

*Photos **taken** at this performance must not be published.*
*Photos **that are taken** at this performance must not be published.* → Fotos, die bei dieser Aufführung gemacht werden, dürfen nicht veröffentlicht werden.

Verkürzung von adverbialen Nebensätzen

- Mit Partizipien kann man adverbiale Nebensätze verkürzen (→ Seite 28).

***Opening** the drawer, Roger saw a gun. = **When he opened** the drawer, Roger saw a gun.* …… Als er die Schublade öffnete, sah Roger eine Pistole.

***Bored** by the film, we left the cinema. = **As we were bored** by the film, we left the cinema.* …… Da wir von dem Film gelangweilt waren, verließen wir das Kino.

[1] Nach Verben der Wahrnehmung kann auch der Infinitiv stehen (→ Seite 19), aber nur, wenn eine Handlung beendet ist oder wenn mehrere Handlungen aufeinanderfolgen.

22 Satzstellung *(Word order)*

Aussagesätze

▸ Einfache Aussagesätze haben im Englischen einen festen Bauplan: Subjekt + Verb + restlicher Satz. An dieser Reihenfolge ändert sich auch nichts, wenn vorab ein Nebensatz oder eine adverbiale Bestimmung steht.

Nebensatz/adverbiale Bestimmung	Subjekt	Verb	restlicher Satz	
	Jody	*loves*	*rap music.*	Jody liebt Rapmusik.
	Francis	*enjoys*	*going to theme parks.*	Francis geht gern in Freizeitparks.
Last winter	*we*	*built*	*twelve snowmen.*	Im letzten Winter haben wir zwölf Schneemänner gebaut.
When I spent a week in London,	*I*	*saw*	*all the famous sights.*	Als ich eine Woche lang in London war, habe ich alle berühmten Sehenswürdigkeiten gesehen.

Verneinte Sätze

▸ Man verneint einen Satz, indem man ein verneintes Hilfsverb vor das Verb stellt. Wenn der Satz bereits ein Hilfsverb enthält, so wird dieses verneint. Steht kein Hilfsverb in der Aussage, dann muss man eine verneinte Form von *do* verwenden *(don't, doesn't, didn't)*.

Subjekt	Hilfsverb + ***not***	Verb	restlicher Satz	
Becky	*can't*	*use*	*her dad's computer.*	Becky darf den Computer ihres Vaters nicht benutzen.
Jonathan	*hasn't*	*read*	*Michael Crichton's new bestseller.*	Jonathan hat den neuen Bestseller von Michael Crichton noch nicht gelesen.
I	*don't*	*understand*	*this short story.*	Ich verstehe diese Kurzgeschichte nicht.
My mum	*doesn't*	*like*	*my clothes.*	Meine Mutter mag meine Kleidung nicht.

23 Entscheidungs- und Bestimmungsfragen *(Yes/no questions and questions with question words)*

Entscheidungsfragen

- Auf Entscheidungsfragen kann man nur mit *yes* oder *no* antworten. Sie beginnen immer mit einem Hilfsverb, das heißt, entweder mit einer Form von *be, do, have* oder mit einem modalen Hilfsverb (z. B. *can, could, may, would*).

Hilfsverb	Subjekt	Verb	restlicher Satz	
Does	*Gregory*	*play*	*volleyball?*	Spielt Gregory Volleyball?
Are	*the Johnsons*	*renovating*	*their flat?*	Renovieren die Johnsons gerade ihre Wohnung?
Have	*you*	*been*	*to the theatre this month?*	Bist du in diesem Monat im Theater gewesen?
May	*I*	*borrow*	*this CD-ROM?*	Kann ich diese CD-ROM ausleihen?

Bestimmungsfragen

- Bestimmungsfragen beginnen mit einem Fragewort *(where, when, what, who, which, why, how)*. Wenn das Fragewort Subjekt der Frage ist, so ist die Satzstellung dieselbe wie im Aussagesatz, also Subjekt + Verb + restlicher Satz (→ Seite 22). Beispiele: *Who knows a good joke? What will save us?*
- In den meisten Fällen ist das Fragewort aber nicht Subjekt. Solche Bestimmungsfragen haben folgenden Aufbau:

Fragewort	Hilfsverb	Subjekt	Verb	restlicher Satz	
How	*do*	*you*	*spell*	*your name?*	Wie buchstabiert man deinen/Ihren Namen?
Where	*shall*	*we*	*go*	*tonight?*	Wohin sollen wir heute Abend gehen?
What	*would*	*you*	*like*	*to eat?*	Was möchtest du essen?
Why	*is*	*Bill*	*crying?*		Warum weint Bill?

24 Bestätigungsfragen *(Question tags)*

- Häufig möchte man, dass die Person, mit der man spricht, eine Aussage bestätigt. Im Deutschen verwendet man dann Ausdrücke wie „nicht wahr?", „oder?" „oder etwa nicht?", „gell?", „stimmt's?", „was?" und „ne?". Im Englischen hängt man Bestätigungsfragen, sogenannte *question tags*, an eine Aussage.

Bildung

- In Bestätigungsfragen greift man das Verb oder Hilfsverb des Aussagesatzes noch einmal auf, während das Subjekt immer als Personalpronomen erscheint.
- Enthält die Aussage keine Form von *be* und kein Hilfsverb, so benutzt man in der Bestätigungsfrage eine Form von *do*.

Aussagesatz				Bestätigungsfrage		
Subjekt	Hilfsverb	Verb	restlicher Satz	Verb	Subjekt	
Brenda and Brian		***are***	*in love,*	***aren't***	***they ?***	Brenda und Brian sind ineinander verliebt, nicht wahr?
We	***could***	*have*	*a snack now,*	***couldn't***	***we ?***	Wir könnten jetzt einen Snack zu uns nehmen, oder?
Melanie		***reads***	*a lot,*	***doesn't***	***she ?***	Melanie liest viel, nicht wahr?

William is quite good-looking, isn't he?

Bejahte und verneinte Bestätigungsfragen

- Auf einen bejahten Aussagesatz folgt eine verneinte Bestätigungsfrage.
- Auf einen verneinten Aussagesatz folgt eine bejahte Bestätigungsfrage.

bejahter Aussagesatz	verneinte Bestätigungsfrage	
Mrs Reynolds likes *fast cars,*	***doesn't she?***	Mrs Reynolds mag schnelle Autos, nicht wahr?
You joined *the computer club last month,*	***didn't you?***	Du bist doch letzten Monat in den Computerclub eingetreten, oder?
Mick has seen *the whole world,*	***hasn't he?***	Mick hat die ganze Welt gesehen, nicht wahr?
We'll go *to Stonehenge when we're in England this summer,*	***won't we?***	Wir fahren doch nach Stonehenge, wenn wir in diesem Sommer in England sind, oder?

verneinter Aussagesatz	bejahte Bestätigungsfrage	
Nathan isn't *interested in politics,*	***is he?***	Nathan interessiert sich nicht für Politik, stimmt's?
You haven't met *my brother,*	***have you?***	Du kennst meinen Bruder noch nicht, oder?
Meg didn't turn up *for training yesterday,*	***did she?***	Meg ist gestern nicht zum Training erschienen, oder?
We won't get *home before midnight,*	***will we?***	Wir werden nicht vor Mitternacht nach Hause kommen, oder?

25 Kurzantworten und Kurzsätze *(Short answers und short additions to statements)*

Kurzantworten

- Man kann im Englischen zwar nur mit *yes* oder *no* auf Entscheidungsfragen (→ Seite 23) antworten, aber häufig ergänzt man eine Kurzantwort mit Subjekt und Hilfsverb.
- Das Subjekt erscheint immer als Personalpronomen, das Hilfsverb wird aus der Frage übernommen.

Entscheidungsfrage				Kurzantwort				
Hilfsverb	Subjekt	Verb	restlicher Satz	yes/no	Subjekt	Hilfsverb	Frage	Antwort
Do	**you**	*speak*	*French?*	*Yes,*	***I***	***do.***	Sprichst du Französisch?	Ja.
				No,	***I***	***don't.***		Nein.
Does	**Charlie**	*work*	*in his parents' shop sometimes?*	*Yes,*	***he***	***does.***	Arbeitet Charlie manchmal im Geschäft seiner Eltern?	Ja.
				No,	***he***	***doesn't.***		Nein.
Did	**Geena**	*phone*	*you last night?*	*Yes,*	***she***	***did.***	Hat Geena dich gestern Abend angerufen?	Ja.
				No,	***she***	***didn't.***		Nein.
Have	**you**	*been*	*to the new ice cream parlour?*	*Yes,*	***I***	***have.***	Warst du schon in der neuen Eisdiele?	Ja.
				No,	***I***	***haven't.***		Nein.
Can	**Donald**	*drive*	*us to the station?*	*Yes,*	***he***	***can.***	Kann Donald uns zum Bahnhof fahren?	Ja.
				No,	***he***	***can't.***		Nein.
Will	**it**	*snow*	*tomorrow?*	*Yes,*	***it***	***will.***	Wird es morgen schneien?	Ja.
				No,	***it***	***won't.***		Nein.

Kurzsätze

Als Kommentar zu einer Aussage gebraucht man im Deutschen häufig Kurzsätze wie „Ich auch.", „Simone auch." und „Thomas auch nicht."

- Im Englischen verwendet man nach einer bejahten Aussage einen Kurzsatz, der mit *so* beginnt.
- Nach einer verneinten Aussage fängt der Kurzsatz mit *neither* oder *nor* an.
- Wenn der vorausgehende Satz ein Hilfsverb enthält, dann wird dieses im Kurzsatz wieder aufgegriffen, und zwar vor dem Subjekt. Ansonsten muss man *do*, *does* oder *did* verwenden.

	Aussagesatz				Kurzsatz				
		Hilfsverb	Verb		Satzbeginn	Verb		Aussagesatz	Kurzsatz
bejaht	*I*		***am***	*so tired.*	*So*	***am***	*I.*	Ich bin so müde.	Ich auch.
bejaht	*Tina*		***passed***	*her exams with good grades.*	*So*	***did***	*Robert.*	Tina hat ihre Prüfungen mit guten Noten bestanden.	Robert auch.
bejaht	*Nadia*	***would***	***like***	*to be a vet's assistant.*	*So*	***would***	*Yvonne.*	Nadia wäre gern Tierarzthelferin.	Yvonne auch.
verneint	*I*	***can't***	***come***	*to Dennis's party.*	*Neither (Nor)*	***can***	*Thelma.*	Ich kann nicht zu Dennis' Party kommen.	Thelma auch nicht.
verneint	*We*	***have never***	***been***	*abroad.*	*Neither (Nor)*	***have***	*we.*	Wir waren noch nie im Ausland.	Wir auch nicht.
verneint	*I*	***don't***	***subscribe***	*to a pop magazine.*	*Neither (Nor)*	***do***	*I.*	Ich habe keine Popzeitschrift abonniert.	Ich auch nicht.

26 Aufforderungssätze *(Imperative sentences)*

Bejahte Aufforderungen

- Wenn man eine Aufforderung, einen Wunsch, eine Einladung oder eine Warnung ausdrücken möchte, benutzt man den **Imperativ** (= Befehlsform).
- Im Englischen hat er dieselbe Form wie der Infinitiv (→ Seite 19).
- Singular und Plural sind gleich.

***Watch** out.*	Pass/Passt auf.
***Close** the door.*	Schließ/Schließt die Tür.
***Turn** the radio down.*	Stell/Stellt das Radio leiser.
***Open** your books at page 24.*	Schlagt Seite 24 in euren Büchern auf.
*Please **repeat** the sentence.*	Bitte wiederhole/wiederholt den Satz.

Verneinte Aufforderungen

- Aufforderungen werden mit *don't* verneint.

***Don't do** that.*	Tu/Tut das nicht.
***Don't be** childish.*	Sei nicht/Seid nicht kindisch.
***Don't eat** during lessons.*	Iss/Esst nicht während des Unterrichts.
***Don't step** on the kitchen floor. It's wet.*	Tritt nicht/Tretet nicht auf den Küchenfußboden. Er ist nass.
***Don't interrupt** me.*	Unterbrich/Unterbrecht mich nicht.

Aufforderungen mit *let's*

- Wenn ein Sprecher oder eine Sprecherin sich selbst in eine Aufforderung einbezieht, formuliert er oder sie den Satz mit *let's*.
- Die verneinte Form lautet *let's not*.

Let's have an ice cream.	Essen wir ein Eis!
***Let's** go to the youth centre tonight.*	Gehen wir heute Abend ins Jugendzentrum!
***Let's** find out about adventure holidays.*	Informieren wir uns über Abenteuerurlaub!
***Let's not** buy too much food for the party.*	Kaufen wir lieber nicht zu viel Essen für die Party ein!
***Let's not** argue.*	Lass/Lasst uns nicht streiten!

27 Relativsätze *(Relative clauses)*

- Relativsätze sind Nebensätze, die sich auf ein Nomen im Hauptsatz beziehen. Man unterscheidet zwischen notwendigen und nicht notwendigen Relativsätzen *(defining and non-defining relative clauses)*.

Notwendige Relativsätze *(Defining relative clauses)*

- Notwendige Relativsätze sind für das Verständnis des Hauptsatzes unbedingt erforderlich. Sie erklären das Bezugswort: Wer oder was ist gemeint?
- Man benutzt keine Kommas, um sie vom Hauptsatz zu trennen.

*Jackie is a **girl** **who/that** loves aerobics.* – Jackie ist ein Mädchen, das Aerobic toll findet.
*This is one of the **houses** **which/that** have to be renovated.* – Dies ist eines der Häuser, die renoviert werden müssen.

- Relativpronomen können Subjekt und Objekt des Nebensatzes sein.
- Im notwendigen Relativsatz benutzt man folgende Relativpronomen:

	Personen	Sachen
Subjekt	***who, that***	***which, that***
Objekt	***who, whom, that***	***which, that***

Subjekt:
*A vegetarian is **someone** **who/that** doesn't eat meat.* – Ein Vegetarier ist jemand, der kein Fleisch isst.
*I'd like to have a job **which/that** is exciting.* – Ich hätte gern einen Beruf, der aufregend ist.

Objekt:
*What's the name of the **woman** **who/whom/that** we met at the shopping mall?* – Wie heißt die Frau, die wir im Einkaufszentrum getroffen haben?
*The **book** **which/that** I'm reading is gripping.* – Das Buch, das ich gerade lese, ist spannend.

- Wenn das Relativpronomen Objekt des Nebensatzes ist, kann man es im notwendigen Relativsatz auch weglassen. Das ist vor allem in der Umgangssprache üblich. Solche Sätze nennt man *contact clause*.

*Keith Haring is an artist **who/whom/that** I admire.*
Keith Haring is an artist I admire.
→ Keith Haring ist ein Künstler, den ich bewundere.

*Linda got a present **which/that** she didn't like.*
Linda got a present she didn't like.
→ Linda bekam ein Geschenk, das sie nicht mochte.

- Präpositionen stehen im notwendigen Relativsatz meist hinter dem Verb.

*That's Robert, the boy I **danced with** at the disco.* – Das ist Robert, der Junge, mit dem ich in der Disko getanzt habe.
*"Titanic" is a film my sister **raved about** for weeks.* – Titanic ist ein Film, von dem meine Schwester wochenlang geschwärmt hat.

Nicht notwendige Relativsätze *(Non-defining relative clauses)*

- Nicht notwendige Relativsätze vermitteln Zusatzinformationen zum Hauptsatz. Dieser ist aber auch ohne Relativsatz eindeutig verständlich und muss durch Kommas vom Hauptsatz getrennt werden.

*Fay loves **Dean**, **who** is a good football player.* – Fay liebt Dean, der ein guter Fußballspieler ist.
*My **bike**, **which** I bought ten years ago, looks as good as new.* – Mein Fahrrad, das ich vor zehn Jahren gekauft habe, sieht so gut wie neu aus.

- Im nicht notwendigen Relativsatz kann man nur diese Relativpronomen verwenden:

	Personen	Sachen
Subjekt	***who***	***which***
Objekt	***who, whom***	***which***

Subjekt:
***Mr Leary**, **who** usually listens only to jazz, wants to go to a rock concert on Saturday.* – Mr Leary, der normalerweise nur Jazz hört, will am Samstag auf ein Rockkonzert gehen.
*This is my new **T-shirt**, **which** was very cheap.* – Das ist mein neues T-Shirt, das sehr billig war.

Objekt:
***Mandy**, **who/whom** I see almost every day, is my best friend.* – Mandy, mit der ich mich fast jeden Tag treffe, ist meine beste Freundin.
*That's our **town hall**, **which** was built in 1912.* – Das ist unser Rathaus, das 1912 gebaut wurde.

- Im nicht notwendigen Relativsatz muss immer ein Relativpronomen stehen.
- Die Präpositionen erscheinen meist vor dem Relativpronomen.

*Ms Jackson, **with whom** we've worked for five years, will leave the company.* – Frau Jackson, mit der wir fünf Jahre zusammengearbeitet haben, wird die Firma verlassen.
*That's Rick's new car, **for which** he paid a fortune.* – Das ist Ricks neues Auto, für das er ein Vermögen gezahlt hat.

28 Adverbialsätze *(Adverbial clauses)*

- Adverbialsätze sind Nebensätze, die mit Konjunktionen (Bindewörtern) beginnen und durch diese eine bestimmte Bedeutung erhalten. Sie können vor und nach dem Hauptsatz stehen. Wenn sie davor erscheinen, werden sie durch ein Komma abgetrennt. Es gibt verschiedene Gruppen von Adverbialsätzen und jeweils typische Konjunktionen.

Adverbialsatz der Zeit

- *after, as soon as, before, since* (= seit), *till/until, when, whenever, while*

After *we had jogged for an hour, we took a shower.*	Nachdem wir eine Stunde gejoggt waren, duschten wir uns.
The Solanas lived in Spain ***before*** *they moved to Bath.*	Die Solanas lebten in Spanien, bevor sie nach Bath zogen.
Let's stay in this park ***until*** *it gets dark.*	Lass/Lasst uns in diesem Park bleiben, bis es dunkel wird.

Adverbialsatz des Ortes

- *where, wherever*

Do you know ***where*** *Jonathan is?*
Weißt du/Wissen Sie, wo Jonathan ist?
Fran's boyfriend drives her ***wherever*** *she wants to go.*
Frans Freund fährt sie, wohin sie will.

Fran's boyfriend drives her wherever she wants to go.

Adverbialsatz des Grundes

- *as, because, since* (= da)

Mike is extremely tired ***as*** *he's been up since 5 am.*	Mike ist extrem müde, da er seit fünf Uhr früh auf ist.
We won't go on holiday this summer ***because*** *we can't afford it.*	Wir werden in diesem Sommer nicht in Urlaub fahren, weil wir es uns nicht leisten können.
Since *Delia is interested in animals, she'll do some work experience at a pet shop this year.*	Da Delia sich für Tiere interessiert, wird sie in diesem Jahr ein Praktikum in einer Tierhandlung machen.

Adverbialsatz des Gegensatzes

- *although, even if, even though, though, whereas*

Brian wore only a T-shirt ***although*** *it was freezing cold.*	Brian trug nur ein T-Shirt, obwohl es eiskalt war.
Amy knows a lot about China ***even though*** *she's never been there.*	Amy weiß viel über China, obwohl sie nie dort war.
Some people are incredibly rich ***whereas*** *others are incredibly poor.*	Einige Leute sind unglaublich reich, während andere unglaublich arm sind.

Adverbialsatz der Bedingung

(zur Zeitenfolge → Seite 29)

- *if*

If *it snows tomorrow, we'll go sledging.*	Wenn es morgen schneit, werden wir Schlitten fahren.
Hugh would have excellent grades ***if*** *he weren't so lazy.*	Hugh hätte hervorragende Noten, wenn er nicht so faul wäre.

Adverbialsatz des Vergleichs

- *as if, as though*

I met Patricia for the first time yesterday but we chatted ***as if*** *we'd been friends for years.*	Ich traf Patricia gestern zum ersten Mal, aber wir haben miteinander geplaudert, als seien wir seit Jahren befreundet.
You look ***as though*** *you're quite unhappy.*	Du siehst aus, als seist du ziemlich unglücklich.

Adverbialsatz der Folge

- *so that, so … that, such … that*

Please close the window ***so that*** *you don't catch cold.*	Bitte schließ das Fenster, damit du dich nicht erkältest.
The music festival was ***so*** *much fun* ***that*** *we stayed there until midnight.*	Das Musikfestival war so toll, dass wir bis Mitternacht dort blieben.
The children made ***such*** *a noise* ***that*** *their father got angry.*	Die Kinder machten so viel Krach, dass ihr Vater wütend wurde.

29 Bedingungssätze *(If-clauses)*

- Bedingungssätze bestehen aus einem Hauptsatz und einem Nebensatz mit ***if***. Man drückt damit aus, was unter bestimmten Bedingungen geschieht, eventuell geschehen könnte oder hätte passieren können. Es gibt drei Typen von Bedingungssätzen.

Typ 1: Erfüllbare Bedingung

- *if*-Satz: Gegenwart *(present tense)*
- Hauptsatz: *will-future*

if-Satz ***(present tense)***	Hauptsatz ***(will-future)***	
If I clean *my room,*	*Mum* ***will let*** *me go out with my friends.*	Wenn ich mein Zimmer aufräume, wird Mama mir erlauben, mit meinen Freunden auszugehen.
If you like *hiphop,*	*Gloria's dance studio* ***will be*** *the right place for you.*	Wenn du Hiphop magst, dann ist Glorias Tanzstudio der richtige Ort für dich.

Typ 2: Unwahrscheinliche oder nicht erfüllbare Bedingung

- *if*-Satz: Vergangenheit *(past tense)*
- Hauptsatz: *conditional*

if-Satz ***(past tense)***	Hauptsatz ***(conditional)***	
If I met *the Brilliant Boys in the street,*	*I* ***would faint.***	Wenn ich die Brilliant Boys auf der Straße träfe, würde ich in Ohnmacht fallen.
If Ed weren't *so nasty to his sister,*	*she* ***would help*** *him with his maths homework.*	Wenn Ed nicht so fies zu seiner Schwester wäre, würde sie ihm bei den Mathe-Hausaufgaben helfen.

Typ 3: Unmögliche Bedingung

- *if*-Satz: Plusquamperfekt *(past perfect)*
- Hauptsatz: *conditional perfect*

if-Satz ***(past perfect)***	Hauptsatz ***(conditional perfect)***	
If Beatrice had known *how nice Bob is,*	*she* ***would have invited*** *him to her party.*	Wenn Beatrice gewusst hätte, wie nett Bob ist, hätte sie ihn zu ihrer Party eingeladen.
If Ron hadn't eaten *five hot dogs,*	*he* ***wouldn't have had*** *a stomach ache.*	Wenn Ron nicht fünf Hotdogs gegessen hätte, hätte er keine Bauchschmerzen gehabt.

30 Indirekte Rede *(Indirect speech)*

Direkte und indirekte Rede

Es gibt zwei Arten wiederzugeben, was jemand gesagt hat: die direkte und die indirekte Rede.

- In der direkten Rede wiederholt man die genauen Worte eines Sprechers oder einer Sprecherin.
- In der indirekten Rede sagt man, was jemand gemeint hat. Personalpronomen, Possessivbegleiter (→ Seite 5) und Zeitangaben verändern sich dabei.

*Betty said, "**I want** to go to the cinema with my friend Roxanne **tomorrow.**"*
Betty sagte: „Ich will morgen mit meiner Freundin Roxanne ins Kino gehen."

*Betty said (that) **she wanted** to go to the cinema with her friend Roxanne **the next day**.*
Betty sagte, dass sie am nächsten Tag mit ihrer Freundin Roxanne ins Kino gehen wolle.

Beibehaltung der Zeiten in der indirekten Rede

- Wenn der Einleitungssatz der indirekten Rede in der Gegenwart steht, dann wird die Zeit der direkten Rede beibehalten.

*Emma **says**, "I **don't** like pizza with pineapple."* → *Emma says (that) she **doesn't** like pizza with pineapple.*
Emma sagt: „Ich mag keine Pizza mit Ananas." → Emma sagt, dass sie keine Pizza mit Ananas möge.

Verschiebung der Zeiten in der indirekten Rede

- Steht der Einleitungssatz der indirekten Rede in der Vergangenheit, so verschieben sich die Zeitformen.

present tense → *past tense*	*"Today **is** the happiest day of my life."* „Heute ist der glücklichste Tag meines Lebens."	*Michael Adams said that today **was** the happiest day of his life.* Michael Adams sagte, heute sei der glücklichste Tag seines Lebens.
past tense → *past perfect*	*"I **started** playing tennis at the age of three."* „Ich begann im Alter von drei Jahren Tennis zu spielen."	*He told me that he **had started** playing tennis at the age of three.* Er erzählte mir, dass er im Alter von drei Jahren angefangen habe, Tennis zu spielen.
present perfect → *past perfect*	*"I**'ve trained** at least three hours a day since my fifth birthday."* „Seit meinem fünften Geburtstag habe ich täglich mindestens drei Stunden trainiert."	*He said that he **had trained** at least three hours a day since his fifth birthday.* Er sagte, er habe seit seinem fünften Geburtstag täglich mindestens drei Stunden trainiert.
will-future → *conditional*	*"I **will** always **support** young talents."* „Ich werde junge Talente immer unterstützen."	*He told me that he **would** always **support** young talents.* Er sagte mir, er werde junge Talente immer unterstützen.

Veränderung von Zeitangaben

- Wenn man am selben Tag, im selben Monat, im selben Jahr usw. wiedergibt, was jemand gesagt hat, dann übernimmt man in der indirekten Rede die Zeitangaben aus der direkten Rede. (→ Beispiel oben: *Michael Adams said that today was …*).
- Ist der genannte Zeitpunkt oder Zeitraum jedoch schon vorüber, verändern sich die Zeitangaben.

today → *that day*
tomorrow → *the next day/the following day*
tonight → *that night*
this week/year → *that week/year*
next week → *the next week/the following week*
next year → *the next year/the following year*
last week/year → *the week/year before*
last Saturday → *the Saturday before*
five days ago → *five days before*

31 Unregelmäßige Verben 1 *(Irregular verbs 1)*

Infinitiv	Vergangenheit	Partizip Perfekt	Übersetzung
be	*was/were*	*been*	sein
bear	*bore*	*born/borne*	tragen, ertragen, gebären
beat	*beat*	*beaten*	schlagen
become	*became*	*become*	werden
begin	*began*	*begun*	anfangen
bet	*bet/betted*	*bet/betted*	wetten
bind	*bound*	*bound*	binden
bite	*bit*	*bitten*	beißen
bleed	*bled*	*bled*	bluten
blow	*blew*	*blown*	blasen
break	*broke*	*broken*	brechen
bring	*brought*	*brought*	bringen
build	*built*	*built*	bauen
burn	*burnt/burned*	*burnt/burned*	brennen, verbrennen
burst	*burst*	*burst*	platzen
buy	*bought*	*bought*	kaufen
catch	*caught*	*caught*	fangen
choose	*chose*	*chosen*	wählen, auswählen
come	*came*	*come*	kommen
cost	*cost*	*cost*	kosten
cut	*cut*	*cut*	schneiden
deal	*dealt*	*dealt*	handeln
dig	*dug*	*dug*	graben
do	*did*	*done*	tun
draw	*drew*	*drawn*	zeichnen, ziehen
dream	*dreamt/dreamed*	*dreamt/dreamed*	träumen
drink	*drank*	*drunk*	trinken
drive	*drove*	*driven*	fahren

Infinitiv	Vergangenheit	Partizip Perfekt	Übersetzung
eat	*ate*	*eaten*	essen
fall	*fell*	*fallen*	fallen
feed	*fed*	*fed*	füttern
feel	*felt*	*felt*	fühlen, sich fühlen
fight	*fought*	*fought*	kämpfen, bekämpfen
find	*found*	*found*	finden
flee	*fled*	*fled*	fliehen
fly	*flew*	*flown*	fliegen
forbid	*forbade*	*forbidden*	verbieten
forget	*forgot*	*forgotten*	vergessen
forgive	*forgave*	*forgiven*	verzeihen, vergeben
freeze	*froze*	*frozen*	frieren, erfrieren, einfrieren
get	*got*	*got*	bekommen, werden
give	*gave*	*given*	geben
go	*went*	*gone*	gehen, fahren
grow	*grew*	*grown*	wachsen, werden
hang	*hung*	*hung*	hängen, aufhängen
have	*had*	*had*	haben
hear	*heard*	*heard*	hören
hide	*hid*	*hidden*	sich/etwas verstecken
hit	*hit*	*hit*	schlagen, treffen
hold	*held*	*held*	halten
hurt	*hurt*	*hurt*	verletzen, wehtun
keep	*kept*	*kept*	halten, behalten
know	*knew*	*known*	kennen, wissen
lay	*laid*	*laid*	legen
lead	*led*	*led*	führen, leiten
learn	*learnt/learned*	*learnt/learned*	lernen

32 Unregelmäßige Verben 2 *(Irregular verbs 2)*

Infinitiv	Vergangenheit	Partizip Perfekt	Übersetzung
leave	*left*	*left*	zurücklassen, verlassen
lend	*lent*	*lent*	leihen
let	*let*	*let*	lassen
lie	*lay*	*lain*	liegen
light	*lit/lighted*	*lit/lighted*	beleuchten, anzünden
lose	*lost*	*lost*	verlieren
make	*made*	*made*	machen
mean	*meant*	*meant*	meinen, bedeuten
meet	*met*	*met*	treffen
pay	*paid*	*paid*	bezahlen
put	*put*	*put*	stellen, setzen, legen
read	*read*	*read*	lesen
ride	*rode*	*ridden*	reiten, fahren
ring	*rang*	*rung*	läuten, klingeln
rise	*rose*	*risen*	aufstehen, aufgehen
run	*ran*	*run*	laufen, rennen
say	*said*	*said*	sagen
see	*saw*	*seen*	sehen
sell	*sold*	*sold*	verkaufen
send	*sent*	*sent*	senden, schicken
set	*set*	*set*	setzen, stellen
sew	*sewed*	*sewn/sewed*	nähen
shake	*shook*	*shaken*	schütteln
shine	*shone*	*shone*	scheinen, leuchten
shoot	*shot*	*shot*	schießen
show	*showed*	*shown*	zeigen
shrink	*shrank*	*shrunk*	schrumpfen, einlaufen
shut	*shut*	*shut*	schließen

Infinitiv	Vergangenheit	Partizip Perfekt	Übersetzung
sing	*sang*	*sung*	singen
sink	*sank*	*sunk*	sinken
sit	*sat*	*sat*	sitzen
sleep	*slept*	*slept*	schlafen
smell	*smelt/smelled*	*smelt/smelled*	riechen
speak	*spoke*	*spoken*	sprechen
spell	*spelt/spelled*	*spelt/spelled*	buchstabieren
spill	*spilt/spilled*	*spilt/spilled*	verschütten
spend	*spent*	*spent*	ausgeben, verbringen
spoil	*spoilt/spoiled*	*spoilt/spoiled*	verderben
spread	*spread*	*spread*	(sich) ausbreiten
spring	*sprang*	*sprung*	springen
stand	*stood*	*stood*	stehen
steal	*stole*	*stolen*	stehlen
stick	*stuck*	*stuck*	kleben
strike	*struck*	*struck*	stoßen, schlagen
swear	*swore*	*sworn*	schwören, fluchen
swim	*swam*	*swum*	schwimmen
swing	*swung*	*swung*	schwingen, schaukeln
take	*took*	*taken*	nehmen
teach	*taught*	*taught*	lehren, unterrichten
tear	*tore*	*torn*	reißen
tell	*told*	*told*	erzählen, sagen, glauben
think	*thought*	*thought*	denken, meinen
throw	*threw*	*thrown*	werfen
understand	*understood*	*understood*	verstehen
wake	*woke*	*woken*	aufwachen, aufwecken
wear	*wore*	*worn*	tragen (Kleidung)
win	*won*	*won*	gewinnen
write	*wrote*	*written*	schreiben

He swam before sunbathing.

33 Stichwortverzeichnis

A

Adjektiv 6
Adverb 7
Adverbialsätze 28
Adverbien im Satz 8
all 9
any 9
Artikel 4
Aufforderungssätze 26
Aussagesätze 22

B

be 17
Bedingungssätze 29
Begleiter 5
Bestätigungsfragen 24
bestimmter Artikel 4
Bestimmungsfragen 23
Bildung von Adverbien 7
both 9

C

can 18
conditional 11, 14
conditional perfect 11, 14
could 18

D

do 17

E

each 9
each other 5
either 9
Entscheidungsfragen 23
every 9

F

few 9
Formenbildung der Zeiten 12
förmliches Englisch 14
Futur 11
future perfect 11, 14
future progressive 11, 14

G

Gegenwart 10, 11, 12
Genitiv 3
Gerundium 20
going-to-future 11

H

have 17
Hilfsverben 17

I

indirekte Rede 30
Infinitiv 19

K

Konditional I 11, 14
Konditional II 11
Kurzantworten 25
Kurzformen 12–15
Kurzsätze 25

L

Langformen 12–15
little 9
lot of 9

M

many 9
may 18
Mengenbezeichnungen 9
might 18
modale Hilfsverben 17, 18
much 9
must 18

N

neither 9
nicht notwendige Relativsätze 27
no 9
Nomen 1
none 9
notwendige Relativsätze 27

O

of-phrase 3
one another 5
ought to 18

P

Partizip Perfekt 21
Partizip Präsens 21
Partizip statt Relativsatz 21
Passiv 16
past perfect progressive 11, 13
past progressive 10, 12
Perfekt 10, 13
Personalpronomen 5
plenty of 9
Pluralformen von Nomen 2
Plusquamperfekt 11, 13
Possessivbegleiter 5
Possessivpronomen 5
present perfect progressive 10, 13
present progressive 10, 11, 12
Pronomen 5

R

Reflexivpronomen 5
Relativsätze 27

S

s-genitive 3
Satzstellung 22
shall 18
should 18
simple past 10, 12
simple past perfect 11, 13
simple present 10, 11, 12
simple present perfect 10, 13
some 9
Steigerung 6, 7

T

Tiere 1

U

unbestimmter Artikel 4
unmögliche Bedingung 29
unregelmäßige Verben 31, 32
unwahrscheinliche oder nicht erfüllbare Bedingung 29

V

Veränderung von Zeitangaben 30
Vergangenheit 10, 12
Vergangenheit und Perfekt im Vergleich 10
Vergleiche 6
Verkürzung von adverbialen Nebensätzen 21
Verkürzung von Nebensätzen 21
Verlaufsform 10
Verlaufsform der Gegenwart 11
Verlaufsform des Plusquamperfekts 11
verneinte Sätze 22
Verschiebung der Zeiten 30
Verwendung der Zeiten 10, 11
Vollverben 17

W

will 18
will-future 11, 14
would 18

Z

Zeitformen von *be*, *do* und *have* 15
Zukunft 14